中 国 纪 念 馆 故 事

丛书主编 沈 强 朱成山

周恩来邓颖超纪念馆：周恩来、邓颖超的故事

主编 康金凤

南京出版传媒集团
南京出版社

图书在版编目(CIP)数据

周恩来邓颖超纪念馆：周恩来、邓颖超的故事／康金凤主编．—南京：南京出版社，2014.6

（中国纪念馆故事）

ISBN 978－7－5533－0472－4

Ⅰ.①周… Ⅱ.①康… Ⅲ.①周恩来（1898~1976）－生平事迹－青年读物 ②周恩来（1898~1976）－生平事迹－少年读物 ③邓颖超（1904~1992）－生平事迹－青年读物 ④邓颖超（1904~1992）－生平事迹－少年读物 Ⅳ.①K827=7

中国版本图书馆 CIP 数据核字（2014）第023725号

丛 书 名： 中国纪念馆故事

丛书主编： 沈 强 朱成山

书　　名： 周恩来邓颖超纪念馆：周恩来、邓颖超的故事

本册主编： 康金凤

出版发行： 南京出版传媒集团

南 京 出 版 社

社址：南京市太平门街53号　　邮编：210016

网址：http: //www. njcbs. com　　电子信箱：njcbs1988@163. com

联系电话：025－83283893、83283864（营销）　025－83112257（编务）

出 版 人： 项晓宁

出 品 人： 卢海鸣

责任编辑： 谢 微 朱天乐

装帧设计： 乔 伊

责任印制： 杨福彬

制　　版： 南京展望文化发展有限公司

印　　刷： 南京京新印刷有限公司

开　　本： 718 毫米 × 1 000 毫米　1/16

印　　张： 12.5

字　　数： 155 千字

版　　次： 2014年6月第1版

印　　次： 2022年7月第3次印刷

书　　号： ISBN 978－7－5533－0472－4

定　　价： 40.00元

用微信或京东APP扫码购书

用淘宝APP扫码购书

营销分类：教育·旅游

丛书总序

中国纪念馆应成为开展公共外交的平台

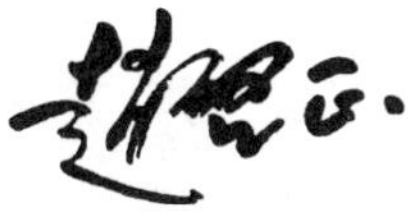

今年年初，成山同志邀请我为即将出版的《中国纪念馆故事》系列丛书作序，并告知中国目前已有1000多家各种类型的纪念馆。

纪念馆对国内观众是学习历史、缅怀先人、传承文化的重要场所，对外国观众则是中国开展公共外交不容忽视的平台。

公共外交和政府外交组成国家的整体外交。“简言之，中国公共外交的基本任务是向世界说明中国，促进外国公众认识真实的中国——包括中国的文化传统、社会发展、经济状况、政治体制和对内、对外政策等。”*在这当中，向世界说明中国的历史，尤其是说明近代史中的重大事件和历史人物是顺理成章的。

中国纪念馆应该成为开展公共外交的优势平台。随着我国社会经济的快速发展，中国国际交通的愈加便利，越来越多的外国人士来到中国。很多人到达一座城市，往往要参观各种各样的纪念馆，甚或在纪念馆座谈研讨、深入交流，以获得我国的历史文化知识和各种其他信息，从而加深对中国的了解，形成各种各样的印象。在纪念馆中参观交流的过程，实际上就是公共外交的实践过程，只是参与人可能并未意识到而已。当前，我国正处在文化事业大发展的时期，相信中国纪念馆的阵容会越来越强大，开展公共外交的前景会越来越宽阔。

中国纪念馆发展到今日已经具有开展公共外交的良好条件。

* 赵启正著:《公共外交与跨文化交流》，中国人民大学出版社2011年版。

更可贵的是，许多纪念馆已经有了强烈的开展公共外交的意识，十分注意跨文化交流的方法创新，主动为来馆的外国人服务。据悉，仅以侵华日军南京大屠杀遇难同胞纪念馆为例，去年共接待了563万观众，其中有40多万人次来自世界上95个国家。为此，他们不仅配备了12种语言的语音导览器和《展馆简介》，还专门招聘和培训了英、德、日、韩等语种的讲解员。该馆所有的展品和标识都用中、英、日三种文字标注。不仅如此，他们十分看重国际交流，经常在国内外组织和参加国际学术研讨会和史料展，不仅吸引了学者到会，也有南京大屠杀幸存者参加。这些年，他们到过日本、韩国、印度、孟加拉国、以色列、波兰、美国、意大利、丹麦、俄罗斯、菲律宾等国，进行了历史文化与和平友好的广泛交流。这些都属典型的公共外交活动。

各国纪念馆的设计都尽力协调对内和对外的传播。英国曾经在20世纪90年代的中后期，通过通商、观光（包括各种纪念馆）、文化振兴来强化公共外交。他们在发展旅游业的同时，没有忘记着力唤醒国民的自豪感，以此努力刷新英国“保守顽固的阶级社会”的旧国际形象。“9·11”事件以后，美国强调重振公共外交，注意到表达的手段要适合青少年。英美两国的这些做法，几乎与中国纪念馆的工作重点与对象完全一致，除了对外交流，还以本国青少年为对象进行教育，唤醒国民爱国主义的自豪感、责任感和自信心。

用讲故事的方式传播历史文化，开展公共外交，是一种好的方法。公共外交可以更为宽松、生动和灵活地采取多种形式在多种场合发出声音，讲述本国的“故事”。许多历史事件与文化现象往往比较复杂，如用心不够，讲解起来会枯燥、呆板。如果通过纪念馆忠于史实的再描述，把它们变成一个个有情、有景、有味、有吸引力的故事，再配之于一幅幅图片，使历史人物或者历史事件鲜活起来，才能易于人们，尤其是外国人听得明白。

出版这套书是一件值得肯定和支持的好事。我相信《中国纪念馆故事》的出版问世，一定会引起社会各界的重视，也为我国开展公共外交增添一抹亮丽的色彩。

（作者原为中国国务院新闻办公室主任，现任中国人民政治协商会议常委、外事委员会主任，兼任中国人民大学新闻学院院长）

目 录

127-186

第三部分　精神风范　浩气长存

前　言

在领导中国人民夺取中华民族独立解放和进行社会主义革命与建设的历史进程中，涌现出了许多光辉耀眼的名字，周恩来、邓颖超无疑是其中杰出的代表。他们艰苦奋斗、无私奉献的崇高品质，生命不息、战斗不止的革命精神，严于律己、勤政为民的伟大人格使人们敬仰和爱戴，追思与缅怀他们，在人民心中树立起一座永恒的丰碑。

1998年2月28日，周恩来邓颖超纪念馆在天津落成开放。从此，学习、研究、宣传、弘扬伟人精神，加强爱国主义和革命传统教育成为了纪念馆的中心任务。十五年来，纪念馆人牢记使命，辛勤耕耘，栉风沐雨，高歌猛进，留下了一串坚实厚重、令人瞩目的足迹。十五年来，共接待1000余万国内外观众。如今，周恩来邓颖超纪念馆已成为缅怀两位伟人丰功伟绩、研究其生平思想、展示其光辉一生的爱国主义教育基地；成为凝聚人心、鼓舞斗志、推动人民群众协力建设美好家园的动力源泉；成为传播先进文化，推进社会主义核心价值体系建设的精神殿堂；也成为世界上独一无二的精神文化瑰宝。

《周恩来邓颖超纪念馆：周恩来、邓颖超的故事》收录了50篇从不同侧面、不同角度反映周恩来邓颖超纪念馆方方面面的作品。文章题材广泛，内容丰富，对馆藏文物、展品介绍、伟人壮举、革命情怀、建馆故事、宣教服务、体会感悟一一涉猎，以浅显、平实、通俗的语言或娓娓道来或细细描摹或深情诉说，写景状物、记事抒怀，抚今追昔、睹物思人，犹如一朵朵翻腾的浪花，于史实、故事、情境中对伟人寄予无限的敬仰和追思，读来让人心生感动，心潮澎湃。

在建设富强民主文明和谐的社会主义现代化国家，实现中华民族伟大复兴的中国梦的道路上，更需要我们继承和发扬老一辈革命家留给我们的光荣传统，凝聚力量、振奋精神、同心同德、艰苦奋斗。由中国人民抗日战争纪念馆和侵华日军南京大屠杀遇难同胞纪念馆共同倡议策划的“中国纪念馆故事”丛书，正是顺应了当今形势和中国红色文化宣传的需要，它既是一套很有参考价值的革命历史资料，也是向党员群众以及广大青少年进行爱国主义、革命传统教育的生动教材。《周恩来邓颖超纪念馆：周恩来、邓颖超的故事》作为其中之一，我们在编辑的过程中，力求通俗易懂，没有长篇大论，而是将爱国主义教育融化在叙述和描写之中，流露于字里行间，让读者自己去感受，从感性认识上升到理性思维，从而达到宣传功效。本书以史料、史实为基础，突出历史的严肃性和故事的可读性，是一本集资料性、普及性于一体的有益读物。

愿大家认真品味这本书，也希望通过这本书在读书育人，弘扬伟人精神，加强爱国主义和革命传统教育，诠释和传播社会主义核心价值体系方面发挥应有的作用。

康金凤

二零一三年五月

大江歌罢掉头东，
邃密群科济世穷。
面壁十年图破壁，
难酬蹈海亦英雄。

——周恩来

夫妻庆幸能到老，
无限深情在险中。
相仳相伴机缘少，
革命情义万年长。

——邓颖超

周恩来邓颖超纪念馆

第一部分

理想信念　矢志不渝

少年立志　志同道合

——周恩来、邓颖超立志的故事

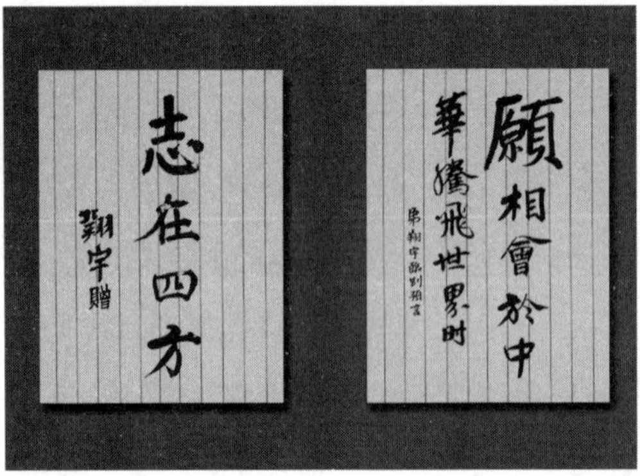

周恩来所写的临别赠言："志在四方""愿相会于中华腾飞世界时"

每个人从小都有自己的远大理想。树立远大的志向，对于一个人的成长起着至关重要的作用，更决定着一个人的成长轨迹。那么，周恩来、邓颖超小时候的志向是什么呢？

19世纪末20世纪初，帝国主义加紧对我国的侵略，中华民族处于生死存亡的危险关头。周恩来、邓颖超正是在此期间出生。1898年3月5日，周恩来诞生于江苏淮安。1904年2月4日，邓颖超诞生于广西南宁。在灾难深重的中国，为了拯救人民于水火之中，周恩来、邓颖超从小就立下了远大志向。

周恩来，字翔宇，9岁那年生母、养母相继去世，父亲经常外出谋事，无暇顾及家里。1910年春，12岁的周恩来去东北投奔四伯父。这次离家，对他一生影响甚大，他回忆说："这是我生活和思想转变的关键。"周恩来在铁岭银冈书院读了半年书后转至沈阳东关模范学校。在具有进步思想老师的影响下，先后阅读章炳麟、邹容、陈天华等人所著的革命书籍，并订阅《盛京时报》，养成了每天坚持读报，关心国事的习惯。1911年暑假，周恩来随同学到魏家楼子小住，魏家楼子是1904年至1905年日俄战争的主战场之一。通过参观日俄战争遗址，周恩来亲眼看见了帝国主义使东北人民家破人亡的悲惨景象，深受触动。在一次修身课上，当老师提问读书为了什么时，周恩来回答："为中华之崛起。"从此，这个远大抱负在他心里扎下了根。1912年10月，周恩来在作文《东关模范学校第二周年纪念日感言》中，提出教师的"教"与学生的"学"，都是为国家造就人才，使国家富强起来，学生通过"受完全教育，成伟大人物，克负乎国家将来艰巨之责任"。

1913年春，周恩来随同四伯父来到天津，同年秋，考入南开学校。在南开学校，他的学识、才能得到了长足发展。随着年龄的增长、阅历的增加，周恩来越来越意识到确立远大志向对一个人成长的重要作用。1915年4月，他在作文《尚志论》中阐述了立志的重要性："有志在金钱者，其终身恒乐为富家翁；志在得官者，百计钻营不以为耻，此志之害也。故立志者，当计其大舍其细，则所成之事业，当不至限于一隅，私于个人矣。"明确指出一个人的志向不应局限于一己之私利。1917年6月，周恩来以优异的成绩从南开学校毕业。在赴日留学前夕，他回到沈阳母校同师生话别，在给同学郭思宁的两条临别赠言中，周恩来写道："志在四方　翔宇赠""愿相会于中华腾飞世界时　弟翔宇临别预言"。可以看出，周恩来的志向更加高远，心系中华民族复兴的伟业。此时的周恩来，正如他的乳名"大鸾"一样，即将展翅高飞，在广阔的天地里施展自己的远大抱负。

邓颖超，字文淑。她3岁那年，父亲被流放服役，最后暴死于新疆，邓颖超从小与母亲杨振德相依为命。母女俩颠沛流离，一路经广东、上海，于1910年底到达天津，食宿于长芦育婴堂。第二年年初，此时的邓颖超才满7岁，为了培养女儿自强自立的品格，杨振德让邓颖超在织机前学织毛巾，贴补家用。由于无钱上学，在做工

1913年，北京平民义务学校初等班第一次恳亲会全体师生合影（学生六排右一为邓颖超）

的间隙，邓颖超跟随母亲学文化。

1913年初，邓颖超随同母亲到北京平民学校，9岁的邓颖超插班上三年级，母亲则在该校担任教师。平民学校的校长陈翼龙与革命党人孙中山等保持联系，在教职工中宣传革命思想。杨振德经常阅读一些进步书刊，邓颖超受母亲的耳濡目染，树立了改造旧社会、实现自由平等新社会的远大理想。不幸的是，这年8月，年仅27岁的陈翼龙被袁世凯枪杀于北京，邓颖超第一次看到革命者牺牲的惨烈场面，先烈用鲜血播下的种子，深深埋在邓颖超心里。平民学校被解散后，母女俩又回到天津。

1916年秋，邓颖超考入直隶女子师范学校。同年年底，直隶女师举办杂体文比赛，内容是有关蔡松坡先生逝世的感言，蔡松坡即著名的反袁斗士——蔡锷将军，于1916年11月8日病逝于日本。12岁的邓颖超在文中叙述蔡锷的生平功绩，最后阐述自己的远大志向：“望吾同胞从此上下一心，振起精神，谋国家之进步！”她还响亮地提出："世事靡常，岂能一定，又安知吾国异日不能立于万国之上哉！"从此，"谋国家之进步"成为邓颖超终生奋斗的目标。

回顾周恩来、邓颖超从小立志的故事，可以看出，他们所立志向都是为了使国家富强、使民族自立于世界之林，这些远大志向决定了周恩来、邓颖超以后的行动方向，使他们最终成为一代伟人。

（刘文欣）

修身箴言伴一生

——周恩来与南开大立镜和镜箴

周恩来在南开学校读书期间，当时的社会、民族精神颓废，国人很少注意体魄与身体姿态，而在校学生个人习惯不良，饮酒、赌博、冶游、吸烟、早婚等事屡见不鲜。

鉴于此，南开学校校长张伯苓在学校东楼入口处，置一大立镜，以“备学生出入时，于此自行修整姿态，不特衣履可免失度，即腰驼背曲亦可警戒于无形”。镜上木匾镌有镜箴（又称“容止格言”），此镜箴由南开学校的校董严范孙先生亲自书写。全文为：“面必净，发必理。衣必整，钮必结。头容正，肩容平。胸容宽，背容

南开学校东楼

直。气象：勿傲、勿暴、勿怠；颜色：宜和、宜静、宜庄。”意思是说，作为一名学生，脸一定要洗干净，头发一定要梳理整齐，衣服一定要穿整洁，纽扣一定要系上。头要正，双肩要平，胸要挺起，后背要直。气象，指精神面貌，不要骄傲，不要浮躁，不要懈怠；颜色，指仪容举止，应该温和，应该安静，应该庄重。

张伯苓还时常教导学生，站不正的时候，把胳膊肘向外，就立刻站直了。此外，严禁烟酒，嫖赌一查出就革除。这些规定看似简单，却是使学生保持精神饱满、生气勃勃的好办法。

大立镜竖立后，学生出校进校，都常在镜子前理理头发，整整衣扣。整饬仪容渐渐成了风气。以至于南开学生走在街上，即便没有佩戴校徽，大家也都可以看出这是南开的学生。当时有人评论：“南开学校乃一极有精神之学校……学生均甚活泼而眉宇间有一种文雅之态度。”当然也有人挖苦他们，说他们“臭”，但南开学生却充满了自豪感。

南开镜箴和大立镜不仅给时人造成了很大影响，就连西方的参观者们也都留下了深刻印象。1916年，美国哈佛大学校长伊利奥来中国参观，当他看到南开学校学生的仪态和别的学校学生不一样时，就觉得很奇怪。张伯苓校长于是引他至镜旁，将镜上箴词详加解释，他这才恍然大悟，并深感这面镜子和这些格言的作用。回国后，就立刻派人前来拍照，并在美国的报刊上发表文章，对此大加赞美。

南开镜箴与大立镜

周恩来当时正在《校

风》报担任文苑部部长兼纪事类栏目编辑，他便在南开学校校刊《校风》上就此事撰成校闻《函索镜影》，对此详加记述。由于是作为一条校闻来发布的，文中并没有对南开大立镜和镜箴加以评论和发表感言，但这篇发表在《校风》第26期上的纪事无疑可以证明，南开镜箴对被张伯苓誉为“南开最好的学生”的周恩来是有影响的。

镜箴，以镜子为鉴正衣冠，以箴言为鉴修德行，也许正是南开大立镜和镜箴在一定程度上铸就了周恩来的不凡风范与高雅气质；也许正是南开大立镜和镜箴，把南开时代的周恩来以更丰富、更鲜活的形象呈现在后人面前，镌刻在世人心中。

周恩来在南开学校学习的四年，受到镜箴的影响。走上革命道路的周恩来，同样没有忘记南开的镜箴，他的衣着总是那样得体，他的神态总是那样平和。即使在南昌起义失败的时刻，周恩来仍能“气象勿暴勿怠”；在长征的恶劣条件下，周恩来仍旧“颜色宜和宜静宜庄”。越是在关键时刻，越是在危难之时，周恩来身上所表现出来的气质就越能成为鼓舞人们继续革命、坚持到底的动力；成为新中国总理后，周恩来同样以其儒雅风度给中外人士留下了深刻印象。

古人说：以铜为镜，可以正衣冠。周恩来的风范和精神，如今也成为一面铜镜，直到今天，我们依然无时无刻不在以他为榜样，修正自己的仪表、行为，甚至灵魂。

（金　朝）

青年才俊　敬业乐群

——周恩来与“敬业乐群会”

“敬业乐群会”纪念章

1913年春，一个翩翩少年从沈阳东关模范学校来到天津报考南开学校。四年后的1917年，当他从这所学校毕业的时候，不但学业成绩优异，而且以出众的才能誉满南开校园。校董严修认为他有“宰相之才”，校长张伯苓夸奖他是“南开最好的学生”，他就是新中国的开国总理——周恩来。

南开学校始建于1904年，是一所仿照欧美近代教育方式创办的学校。这里学术氛围浓厚，教学作风严谨，赢得了社会的高度赞誉，同时学校大力倡导学生组建社团，“本校于课程外组织各种学会团体，以为学生练习作事之资助”。周恩来入校时，年仅15岁，但强烈的忧国忧民意识和如饥似渴的求知欲已充满了他的脑海。他在发奋苦读的同时，积极参加课外活动，培养了多方面的才能。

当时，南开学校有两大学生团体：一是“青年会”，以信奉基督教为主，带有宗教色彩；另一个是“自治励学会”，主要吸收高年级同学参加。两个学生社团活动范围稍窄，都没有广泛性。为了团结和争取更多的同学一起探索真理，研究国家大事，周恩来和同学

1916年，“敬业乐群会”三位发起人周恩来、张瑞峰与常策欧（从右至左）的合影

张瑞峰、常策欧三人经过多次研究，于1914年3月发起创立全校性学生组织“敬业乐群会”。其名称表示“敬重学业，联络感情”之意。该会的宗旨是：“以智育为主体，而归宿于道德，联同学之感情，补教科之不及。”张伯苓校长对“敬业乐群会”的成立，给予了大力支持。他亲自参加该会的成立大会，并代表学校的全体教师发表了讲话以示祝贺。

“敬业乐群会”成立之初，建立了智育部、演说部、国文研究团、辩论团等，还创办了会刊《敬业》学报。创建之初，张瑞峰担任会长，周恩来担任智育部部长。1915年9月周恩来当选副会长，不久任会长。周恩来和他的伙伴们在这个团体里，组织了丰富多彩的活动，收获颇丰。

“敬业乐群会”重视文化知识的学习。他们开展各种活动，调动同学们的学习积极性，以弥补课堂所学之不足。“敬业乐群会”成立后，周恩来与其他会员一起捐献书籍，办起了“敬业乐群会”的图书馆。这个图书馆受到了同学们的欢迎，课余时间，他们会来到这里看书看报。

在周恩来的积极运作下，该会利用课余时间多次举办学术报

"敬业乐群会"出版的《敬业》

告会，邀请社会名流来校演讲，这些课余活动使大家开阔了视野，陶冶了他们的爱国主义情操，对同学们的影响也越来越大。到1916年底，会员已发展到三百多人。

"敬业乐群会"还组织开展了多种多样的文娱活动，如每周举行一次的茶话会就颇受同学们的欢迎。在茶话会上，或由会长报告会务，或讨论时事政治和学校大事，然后进行各种游艺和联欢活动。据当年校刊报道，周恩来表演的趣语和伉乃如与老师表演的相声都是最受欢迎的保留节目，常常令人捧腹大笑。

此外，"敬业乐群会"还组织会员走出校门，到其他学校、农场、工厂等进行多项社会实践活动。这些校外活动，使大家了解到许多书本上没有的新鲜事情，收获很大。

《敬业》杂志是"敬业乐群会"出版的会刊，稿件都是由周恩来组织编辑。每半年出版一期，每年的四月、十月出版。内容主要反映会员对时政的评论，学习心得及组织的各项活动。在后几期中，周恩来还以"飞飞"的笔名专门开辟了《飞飞漫墨》专栏，用多种文学体裁和艺术风格，宣传了反帝反封建的思想。

1917年6月，周恩来以平均分89.72分的优异成绩从南开学校毕业。在南开学校《第十次毕业同学录》中有这样一段话最能概括周恩来在南开的学习生活："其于课程，前二载俱臻上乘，嗣以理事日繁，乃稍逊前，然绝未以他事妨学业，致失正鹄。故毕业成绩，仍属最优。"

周恩来在"敬业乐群会"组织的丰富多彩的活动，锻炼了他各方面能力，使他逐渐成为一个全面发展且才干突出的青年领袖，为他以后走上救国救民道路奠定了基础。

（曹　阳）

学生报人周恩来

——周恩来与南开《校风》

在19世纪末20世纪初，办报纸、创办新学和演讲是当时社会先进知识分子启发民智、传播新知的三个重要手段。

南开学校校长张伯苓不仅创办新学，而且鼓励和支持学生创办报纸。《校风》即是天津南开学校学生自己创办的全校性刊物。

《校风》是我国北方最早的校刊之一。创刊于1915年8月30日，册装铅印，每周出一期。其目的是：交换智识、灵通消息、联络感情，并借以提倡校风、辅助学校之发达。学生陈钢为该刊撰写发刊词，其中云："吾辈生于二十世纪竞争之时代，生于积弱不振之中国……天下兴亡，匹夫有责！"

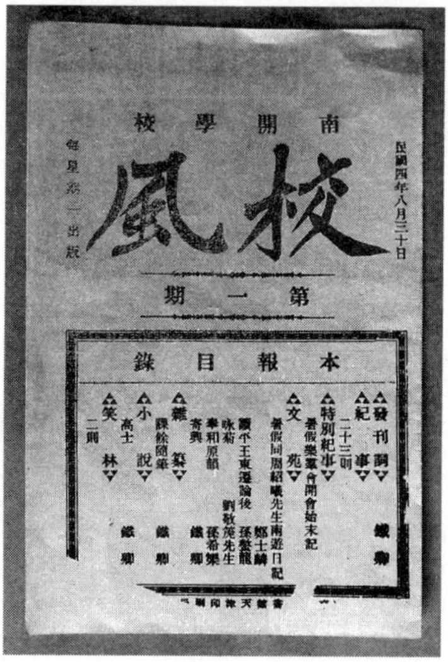
南開學校
校風
民國四年八月三十日
每星期一出版
第一期
本報目錄
△發刊詞▽ 鐵卿
△紀事▽
二十三則
△特別紀事▽
暑假樂羣會開會始末記
△文苑▽
暑假同周紹曦先生南遊日記 鄭士麟
讀平王東遷論後
咏菊
奉和原韻
寄興 鐵卿
△雜纂▽
課餘隨筆 鐵卿
△小說▽
高士 鐵卿
△笑林▽
二則

《校风》

周恩来很早就接受新思想的启蒙，对报纸的重要意义有深刻认识，因此，在南开学校读书时他除了任《敬业》学报主编，还积极参与《校风》报的实践活动，成为名副其实的学生报人。

周恩来成为《校风》报成员是在三年级上学期，主要负责《课艺选录》及经理各会布告栏。《课艺选录》即负责选登学生作文。为此，他专门撰写了《课艺选录志》，明确了选稿标准："文中全篇主意，须有识远超高之处。"另，"章法笔致，须紧密完备"而更重要的是"文中事实或议论，有关于世道及民俗之处"。虽然只是作为一个学生作文选登编辑，却已经充分展示了他高远的思想、广阔的视野。

由于周恩来工作表现突出，三年级下学期，周恩来当选为《校风》文苑部部长，不久又兼任纪事部主任；四年级上学期，周恩来在改组后的《校风》报社承担了更重要的职责：除担任纪事类总主任（改组后的《校风》编辑部计分三类："言论""纪事"和"文艺"）外，还兼任经理部总经理。

在担任纪事类编辑的一年间，周恩来共撰写校闻和纪事一百余则，从现存保存完好的《校风》可以看出，这些报道主要反映了南开学校丰富多彩的课外活动。此外，关于学校的规章制度、校事、教学方面等校务内容也占了很大比例，这些文章报道及时、简明扼要，广泛反映了校园生活。

在担任总经理期间，周恩来除了完成编辑部的任务，还要负责"每期稿件付印、校对、接收广告、收支款项、刊发报章、誊写信件及不属于编辑部一切事务"，有时他还到印刷所去检查印刷质量，以保证每期准时出版。由于工作既繁重又琐碎，往往需要付出比别人更多的时间和精力，而周恩来都能以极大的热情投入到这些工作中。

四年级下学期，因临近毕业，周恩来不再担任上述职务，但仍是《校风》编辑部成员。

周恩来在《校风》报社所从事的新闻实践，不仅培养了自己的新闻敏感性，锻炼了新闻采访、写作、评论和编辑的能力，而且非常重视群策群力，积极采取改革措施：诸如改变社员的推举方式，规范编辑部工作制度，明确社员责任分工，设立"访事团"制度等等。还发动全校师生共同办报，显示了其卓越的组织才能。

除此之外，周恩来在南开学校期间还为我们留下了三篇关于报纸的理论文章。对报纸的作用和功能及怎样办好报纸进行理论探讨。这三篇文章分别是《〈校风〉报传》《说报纸之利益》《本社之责任观》。其中《本社之责任观》写于1917年5月周恩来即将从南开学校毕业之际。这篇文章全面总结了《校风》的办报经验，并对如何办好《校风》提出了许多好的建议。这篇文章中，周恩来首先强调《校风》是全校的机关报，要办好《校风》，必须依靠群众；其次，周恩来认为，校报应当担负起向学校

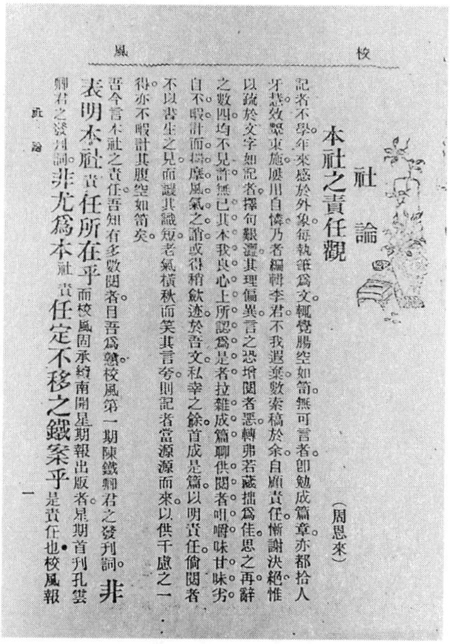

校 風

社論

本社之責任觀

（周恩來）

記者不學。年來感於外象。每執筆爲文。輒覺腸空如笥。無可言者。卽勉成篇章。亦都拾人牙慧。效顰東施。屢用自憐。乃者編輯李君。不我遐棄。數索稿於余。自顧責任。慚謝決絕。惟以疏於文字如記者。擇句艱澀。其理偏異。言之恐增閱者惡。轉弗若藏拙爲佳。思之再辭之數四。均不見許。無已。其本我良心上所認爲是者。拉雜成篇。聊供閱者咀嚼。味甘。味劣。自不暇計。而摛靡風氣之諂。或得稍斂迹。於吾文。私幸之餘。首成是篇。以明責任。倘閱者不以書生之見而譏其識短。老氣橫秋而笑其言夸。則記者當源源而來。以供千慮之一得。亦不暇計其腹空如笥矣。

吾今言本社之責任。吾知有多數閱者。目吾爲戇。校風第一期陳鐵卿君之發刊詞。非表明本社責任所在乎。而校風因承續南開星期報出版者。星期首刊孔雲卿君之發刊詞。非尤爲本社責任定不移之鐵案乎。是責任也。校風報

社論 一

周恩来撰写的《本社之责任观》

“建议之义务”；最后，更重要的，他提倡学生要注意“研究事理”，认为：“今日能观察校事，他日即可洞知世情。其懵然于今日，未有他日能号为明达，而他日之明达，亦未有由今日冥顽不灵产出者也。”他严厉批评了那种“独善其身，自鸣清高”的不良倾向。这些言论，对于我们今天的青少年也有着很强的启迪意义。

周恩来参与《校风》报的工作，一方面使他储备了丰富的新闻实践经验，为他今后在革命生涯中所显现的高超的宣传斗争艺术、扎实的新闻素养打下了良好的基础；另一方面也对他探求救国救民真理、树立并实践正确的人生观、世界观，起到了重要的推动作用。

（吕小南）

粉墨周生　倾座南开

——周恩来演出南开新剧

众所周知，在20世纪风云多变的历史进程中，周恩来在中国乃至世界的政治舞台上都扮演了重要且无可替代的角色。殊不知，在中国的话剧舞台，他也曾上演过精彩纷呈的连台好戏，在中国话剧史上留下了浓墨重彩的一笔。

1913年秋，周恩来考入天津南开学校。南开学校是一所仿照欧美近代教育方式建立的学校，那里思想进步，作风民主，学术气氛浓厚，很有特色。从1909年开始，南开学校开始编演新剧，借以练习演说、教育社会。1914年，南开学校成立了新剧团，年仅

《仇大娘》剧照(左二为周恩来饰演的范惠娘)

16岁的周恩来踊跃报名参加。他不仅积极参与新话剧筹备的各项工作，成为南开学校新剧团中活跃的一员，更为突出的是他男扮女装饰演剧中的一个个女角。特别是1915年为纪念南开校庆十一周年所演出的新剧《一元钱》，剧中的女主角正是因为周恩来的成功出演而给观众留下了深刻的印象，继而轰动了南开学校乃至整个天津。

《一元钱》讲述了一个叫孙思富的人，曾将年幼的女儿孙慧娟许配给富绅赵凯的幼子赵安。十年后的一天，赵家因火灾变得贫困。嫌贫爱富的孙思富顿时心生反悔，对前来求助的赵安拒不认亲，并拿区区一元钱来打发他。孙慧娟知道父亲的行为后，深为不满，与母亲商量后，致信赵安，表示自己一定会信守婚约，并赠银圆相助。后来，赵家离家多年的赵安之兄经商致富，赵家又富裕如初。恰逢孙家遭难，孙慧娟无奈之下求助赵家，赵安慨然相助。孙思富因此大为感动，从此痛改前非，翁婿和好如初。这出新剧尖锐地抨击了当时嫌贫爱富的社会现象，无情地揭露了虚伪奸诈的商人唯利是图的嘴脸。剧中，周恩来以生动传神的表演，成功塑造了孙慧娟正义豪侠、通情达理、机智聪明、坚持纯洁爱情的鲜明形象。

周恩来的同班同学张鸿诰曾绘声绘色地回忆了周恩来演出《一元钱》前后的情景："因为南开学校没有女生，演出选角时，大家就推周恩来担任女主角，饰演女主角不仅要有高超的演技，更要有勇气。我记得有一次课间休息，我们在宿舍谈天，一个高年级跑百码的叫王文达的同学，平时爱逗乐，把手绢挂在右边腋下学着女人走路的样子，从门外扭搭扭搭地进来，取笑周恩来。但是他未予理睬，只是一笑置之。不过大多数同学还是支持他演出，认为这种精神是难能可贵的。"

《一元钱》以及其后不久编成的《一念差》《新村正》后来成为南开早期话剧史上几个久演不衰的保留剧目。

《一元钱》剧照（右一为周恩来饰演的孙慧娟）

周恩来在南开学校，除了参与新剧《一元钱》的演出，还参演了《恩怨缘》《仇大娘》《华娥传》等新剧，皆在剧中扮演女角。

周恩来在南开学校因为演出新剧而一举成名。在他的毕业小传中有这样的评价："牺牲色相，粉墨登场，倾倒全座，原是凡津人士之曾观南开新剧者，无不耳君之名。"

1983年9月6日，邓颖超来到周恩来同志青年时代在津革命活动的纪念馆，当她看到周恩来当年饰演女角的剧照时，风趣地说："恩来上的学校是男校，他演的是女角，我上的是女校，我扮演的是男角。"她还告诉纪念馆的工作人员，她曾看过周恩来的演出哩！

除去登台扮演角色，周恩来还担任过南开新剧团的布景部副部长。由他负责的舞台设计，花样翻新，精工制作，不断为新剧演出增光添彩。

周恩来不仅是新剧表演的积极实践者，也是一位话剧理论的探索者。1916年9月他于南开《校风》报上发表的《吾校新剧观》，既有自己参加新剧表演的切身体会，更有概括性、引导性的理论性探讨。文中，他把新剧和国情紧紧相连。强调新剧作为通俗教育手段的重要性，指出新剧可以开民智、进民德，“施之以教，齐之以耻，生聚教训不十年，神州古国，或竟一跃到强国之林，亦意中事也”。

应当看到，周恩来写这篇文章时是1916年，当时南方的文明戏已经衰败，《新青年》的“易卜生专号”尚未出版，“社会学校，虚图其表，一任梨园优伶，驼舞骡吟，淫词秽曲，丑态百出，博社会之欢迎，移世风之日下”。周恩来能有这样的学识和认识，确实是走在了时代的前列。

（贾　琳）

最初的梦想

——周恩来《旅日日记》

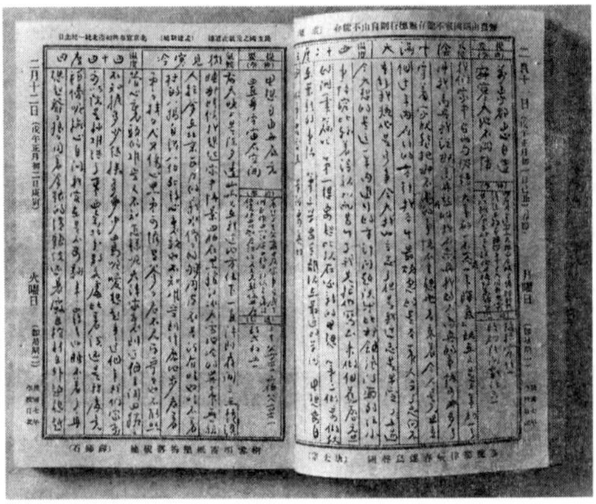

周恩来的《旅日日记》

周恩来《旅日日记》，是周恩来青年时代在日本求学时于1918年1月1日至1918年12月23日的日记。这本小册子封面呈深红色，日记内容是用毛笔写成的。翻阅日记，细细品味，我们可以从中了解周恩来旅日时期的思想、生活、学习情况，也将领略到他如何从苦闷到奋起，从迷惘到坚定的思想变化状况。

1917年6月，周恩来以优异的学习成绩从南开学校毕业。毕业后，他决定去日本继续深造，寻求“济世穷”的真理。同年9月，周恩来到达日本，入东京神田区东亚高等预备学校学习日语并复习其他课程，准备报考东京高等师范学校和东京第一高等学校。如果考取其中一所，就可以得到官费学习的待遇，这对于家境贫寒的周恩来来说，是求之不得的。

陌生的社会环境，繁重的学习任务，使初到日本的周恩来很不适应，心情十分苦闷。周恩来知道，自己到日本求学很不容易，由于家庭经济拮据，留学费用全是靠南开学校的几位老师和留日同学的支援，但他不愿一味地死读书，总想从周围的现实生活中学习实际的知识。他在日记中写道："无处不可以求学问，又何必守着课本叫做求学呢？"为此，他深入到日本下层人民中间，对日本社会进行潜心观察和了解。时间长了，他对日本有了一些新的认识。原先在国内，他受社会上一种流行看法的影响，以为中国太弱了，从日本传来的"军国主义"主张未必不是一种救中国的办法，但对它并没有多少具体的了解。到日本后，经过实地观察，他深感日本的政治制度并不适合于中国的国情。他在日记中这样写道："我从前想'军国''贤人政治'这两种主义可以救中国，现在想想实在是大错了。"

那么，中国的出路究竟在哪里呢？周恩来同当时中国绝大多数寻求救国真理的热血青年一样，一时还找不到答案。

这是一个艰难而痛苦的摸索过程。周恩来也经历过彷徨和曲折，由于日文成绩不理想，他投考东京高等师范学校和东京第一高等学校均未被录取。这对他打击很大，但不久，他便从这种心理状态中解脱出来。

就在周恩来为寻求救国济世的真理而进行艰难探索的时候，震撼全球的俄国十月革命爆发了。随着十月革命的胜利，马克思主义学说和宣传社会主义的各种思想流派，像潮水一样涌向日本。对新思潮，周恩来是来者不拒，并下大力气潜心研究。他曾在日记中说过："第一，想要想比现在还新的思想；第二，做要做现在最新的事情；第三，学要学离现在最近的学问。思想要自由，做事要实在，学问要真切。"怀着这样一种求知的态度和欲望，周恩来阅读了京都帝国大学著名经济学教授、日本最早的社会主义者之一河上肇博士编辑出版的《社会问题研究》，这是他首次接触社会主义思想。1918年4月3日，他在给旅美同学冯文潜的信中写道："左右（古时一种敬称）居美，所得宏深，甚盼时有以示我，新思潮尤所切望。"

周恩来东渡日本，原本是想寻求可以用来"济世穷"的学问，

1918年周恩来（站立者右二）在日本和留日南开同学的合影

但经过一年来的观察，他对日本的社会制度越来越失望。正在这个时候，传来他的母校南开学校决定创办大学部的消息，周恩来决定回国学习。临行前，他把东渡日本时所写“大江歌罢掉头东”的诗句抄赠给南开同学张鸿诰，表示要“返国图他兴”。

留日的时间虽然只有一年多，但周恩来的思想却经历了重重波折。对一个又一个救国方案的否定使他痛苦、彷徨，“人间的万象真理”仿佛是“愈求愈模糊”。在这种艰难的时刻，马克思主义犹如“一线阳光穿云出”，重新燃起了他的希望，他感到格外欣喜。怀着这种欣慰的心情，周恩来于1919年4月由神户乘船离开日本，开始了新的征程。

周恩来《旅日日记》的发现与整理出版，为我们研究他在留学日本期间的生活、学习情况以及救国思想的转变提供了翔实的历史资料。它犹如一部放映机，忠实地再现了周恩来当年的生活场景和思想情况。

（庞　跃）

一衣带水"画"友谊

——留日时期的周恩来肖像画

保田龙门画的周恩来肖像画

周恩来作为中华人民共和国的开国总理和党的第一代中央领导集体的重要成员，他的卓著功勋、崇高品德和光辉人格享誉海内外。世界各地以他为主题的摄影与绘画作品数不胜数。但纵观这些作品，如果说意大利摄影家焦尔乔·洛迪拍摄的《沉思中的周恩来》是最著名和最有影响力的作品的话，那么保存在周恩来邓颖超纪念馆的《留日时期的周恩来肖像画》则无疑是现存已知以周恩来为主题的最早的一幅绘画艺术作品。

这幅作品为人物头部肖像素描画，所刻画的是青年时期的周恩来。画中周恩来身着日本传统和服，头部略向右侧只露左耳，短发宽额，面部朝光，丰韵而有型，表情坚毅而有活力，眉毛浓密，眼睛大而有神，眼神深邃地望着远方，鼻梁高挺，唇厚且紧闭。整个画作构图合理，比例得当，明暗应用娴熟，线条流畅有力，勾勒有致，人物刻画惟妙惟肖、栩栩如生。虽有近百年历史，但画面仍清晰如新，精到的笔触显示了作者的深厚功底，透射出了青年时代的周恩来雄姿英发、朝气蓬勃、志向高远的气概，是一幅不可多得的素描肖像佳作。

该画作是1918年2月周恩来留学日本期间，由日本友人保田龙门（早年活跃在关西画坛的已故日本著名画家）所画。1918年2月1日晚，留学日本的周恩来为了寻找房租便宜的住处，搬到了南开学校校董严修之子严智开的住处——东京都台东区谷中的灵梅院居住，当时在东京美术学校学习西洋画的保田龙门也住在这里。2月2日早晨，刚搬来的周恩来便“与季冲（严智开）、日人保田君共食”。经严智开介绍，租住在一个屋檐下的周恩来与保田相识了，并经常在一起畅谈。2月6日，周恩来与保田谈话时，保田龙门即兴用写生簿为周恩来画了这幅素描。在当日的《旅日日记》中，周恩来写道：“归来与保田君谈，日、英语杂进，彼且画余像。”通过多日的接触，保田龙门深深地被周恩来真挚友好的情谊所感动，在为周恩来绘制此画后，两人的交往逐渐加深，周恩来时常在日记中提到保田，如：2月8日“晚应保田君之约，偕其往神田，访伯鸣”；2月21日“课毕归来，保田君语我以迁居事，定于二十四日”；2月23日“早起保田君告我贷家（出租房）必须解散，定明日迁移”；2月24日贷家解散后，他们虽然搬到了不同的地方，但仍然保持着联系；3月1日周恩来“顺便访保田，谈少许”，当天还“接保田信一”；3月11日周恩来又“致保田君片一”；4月14日周恩来“午后，应季冲之命，往访保田并为其致歉忱”。可见，此时周恩来与保田已非常亲近。而两人也一直保持着这种友谊，在保田龙门的《自订年谱》中还有20世纪20年代同在欧洲留学的保田龙门和周恩来在巴黎会面的记录。因此，正如翻译过周恩来传记的京都大学人文科学研究所教授狭间直树所说的“这幅素描非常珍贵，它向人们介绍了周恩来与日本画家之间心心相印的交往，这在日中交流史上也很有意义”。

保田龙门于1965年去世，这幅肖像画长久以来未被发现。1999年，保田龙门的长子、日本东京武藏野美术大学的教授保田春彦在位于日本神奈川县大矶町的家中偶然间发现了它。这一发现在当时引起了不小的轰动，9月7日的日本《读卖新闻》对此进行了特别报道。为纪念中华人民共和国成立50周年，保田春彦决定将该画作捐给中国。2000年1月27日，日本前锋电视制作股份有限公司的专务董事郡进刚受保田春彦之托，将这幅素描画像捐赠给了位于天津的周恩来邓颖超纪念馆。时隔82年，这幅画作终于来到了周恩来的故乡——中国。2009年6月，经天津文物专家鉴定组鉴定，该画作被评定为国家一级文物，自此它的价值得到了世人的认可。为发挥文物的作用，周恩来邓颖超纪念馆在《人民总理——周恩来》生平展、日本早稻田大学主办的“周恩来与日本”展览和“周恩来邓颖超纪念馆建馆以来新征文物精品展”等展览中都对它进行了重点展示。如今这幅肖像画已成为宣传和研究周恩来与保田龙门深厚友谊、展现中日之间民间友好交往不可不提的篇章，具有举足轻重的地位。

灵梅院

（郭　辉）

辛劳奔波不畏强权阻拦 百转千回终成学子报业

——周恩来创办《天津学生联合会报》

1919年，“五四运动”爆发，天津学界立即成立天津学生联合会，组织学生进行罢课、游行等活动，以抗议北洋政府逮捕爱国学生的野蛮行径。那时候，已从日本回国的周恩来“天天到南开去”，积极参加运动。

6月下旬，为了把爱国斗争坚持下去并引向深入，天津学生联合会决定筹办《天津学生联合会报》。周恩来在南开学校读书时曾先后主办过《敬业》和《校风》，大家对此印象很深，学联会长谌志笃和副会长马骏就出面请周恩来筹办并担任主编。周恩来当即表示：“负些责任是义不容辞的。”于是他邀请老同学潘世纶做助手，承担版面编辑工作，又找了赵光宸、胡维宪及薛撼岳三位同学担任

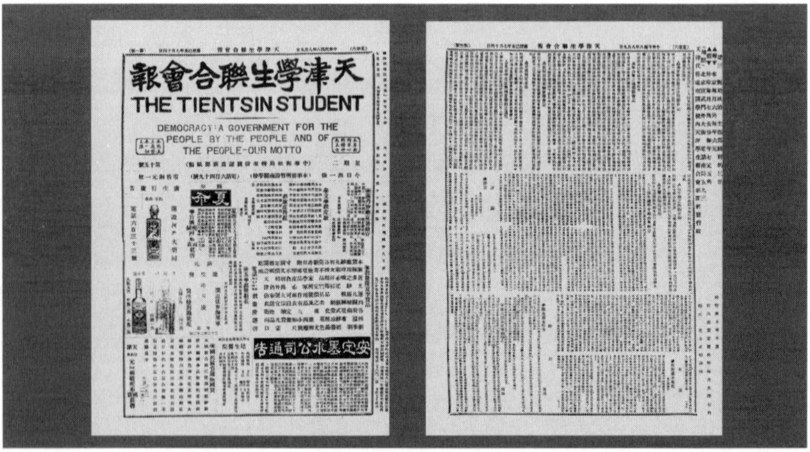
天津學生聯合會報
THE TIENTSIN STUDENT
DEMOCRACY: A GOVERNMENT FOR THE PEOPLE BY THE PEOPLE AND OF THE PEOPLE-OUR MOTTO

《天津学生联合会报》

外勤采访工作，迅速投入到创刊工作中去。

当时，要办一份报纸是非常不容易的：要人没人（7月上旬，为了分散学生的力量，当局规定各校提前放假，学生都已经纷纷离校），要钱没钱，要经验没经验，尤其还要受到天津警察厅的刁难和阻挠。周恩来全凭了满腔热情和坚韧不拔的毅力才将任务圆满完成。经费问题主要采取以下两个途径解决：一是由南开学校新剧团举行义务公演，市民出于爱国热情和对学生壮举的同情踊跃购票；二是通过社会关系招揽广告，爱国厂商多愿出高价在该报刊登广告，借以资助。印刷问题怎样解决呢？当时南开学校的老师伉乃如的哥哥在天津南市荣业大街开设协成印刷局，经伉乃如从中奔走，该局愿接受承印业务，工人们也表示会全力支持，这才解决了问题。会报没有编辑室，协成印刷局的一间小屋，就成了他们编报的地方。

经过周恩来艰苦细致的工作和大家的辛勤努力，《天津学生联合会报》终于于1919年7月21日出版了。

《天津学生联合会报》内容比较丰富，辟有主张、时评、思潮、新闻、国民常识、函电、文艺、翻译等栏目。创刊号上发表了周恩来撰写的以《革心！革新！》为题的发刊词，号召大家起来革除旧思想、创造新世界。此报一出就引起了社会各界的热烈反响。马骏看后兴奋地说："这篇社论真带劲，这比我们站在几千人面前大喊一阵，可有用得多！"

《天津学生联合会报》在当时产生了很大的影响。为了扩大宣传，制造社会舆论，在发刊前，周恩来曾撰写了一篇《〈天津学生联合会日刊〉发行断趣》，刊登在1919年7月12日的《南开日刊》第35号上。这篇文章发表后，天津各大报纸纷纷转载，引起强烈的社会反响，大批订报函件纷至沓来。在出版的前一天，订数就已近6000份。

《天津学生联合会报》当时在天津和全国许多省市发行，每期的销行量均在4000份以上，最多时日发行量达20 000份。报纸常常供不应求，很多人自动捐款要求多印，有的人还退掉了别的报而改订此报。各校学生争先承担卖报义务。电车工人为表示支持，凡是卖报的学生乘车都不要票，但电车公司是比利时商人经营的企业，经理专门下令："凡售票员不让卖报学生买票者，一律课以罚金，罚金数额按原票价的两倍计。"后来电车工人怠工抗议，全市电车一律停驶，经理才不得不让步。

《天津学生联合会报》有力地配合了当时的爱国斗争，最突出的是声援山东学生的爱国运动：当时天津以学生为中心的各界代表向北洋政府请愿，《天津学生联合会报》及时对其进行了报道；其次是始终坚持抨击当时由安福派掌权的反动政府。

会报的社论和主要文章大都由周恩来主笔。据当事人潘世纶后来回忆，由于人少，当时从搜集新闻到写稿子做文章，从编辑版面到校对甚至卖报，都由周恩来亲自主持，潘世纶从旁协助。除了办报，周恩来白天还要出去开会，做宣传工作。虽然每天因为编报休息得很晚，可是第二天还得起来卖报，有时候周恩来还一边卖报一边演讲。

油画《办报》

当时周恩来生活很艰苦。下午常常没有吃饭就去编报，晚上饿了就买点烤白薯或者烧饼吃。平时常穿一件半旧的蓝布大褂，冬天围个围脖。每天从家步行到办报的地方，虽然有电车可到达也很少坐，经常编完报半夜步行回家。经南开学校老师伉乃如的建议，张伯苓曾临时委任周恩来为南开学校校长办公室的秘书，一来帮助学校做一些行政事务、校友活动等工作，二来他可以由此得到一部分打工费，用以生活和继续上学。

《天津学生联合会报》产生的巨大影响引起了北洋政府的注意。为此，北洋政府采取多种措施多次查禁该报。1919年9月22日，《天津学生联合会报》被迫暂时停刊。为此，周恩来撰写了《〈天津学生联合会报〉紧要启事》发表在当日的天津《益世报》上。

在天津学生的极力反对和全国各地学生的支援下，《天津学生联合会报》又于10月7日复刊，并由日刊改为三日刊。新刊由最初的对开四版一大张改为一张半，除更加注重采取新闻的方法外，其余一如既往。该报的具体停刊日期现在很难确定，总期数至少达一百几十期，在第100期还曾出过一期《奋斗号》专刊。

《天津学生联合会报》凝聚了周恩来的大量心血，也凝聚着他的闪光的思想，成为周恩来同黑暗势力做斗争的有力武器。也成为天津学联唤起民众、团结学生和各界群众、推动和指导反帝爱国斗争的舆论阵地，在当时即获誉“全国的学生会报冠”。它犹如一朵朵浪花，闪烁在“五四运动”的洪流中，为其增添了炫丽的光彩。

（盖金香）

铿锵讲演扣心弦　风雨难挡赤子情

——赏油画《雨中演讲》有感

黑云压城城欲摧。突然，一道闪电划过，把布满乌云的天空硬生生地劈开，紧接着“轰隆”一声雷响，一场倾盆大雨浇了下来。

天津劝业场一带，似乎有比这场雨势更猛烈的事情正在发生。远处的二楼天台上，比天上云层还厚的一群群人，手里拿着写有“抵制日货”标语的宣传单，向前方不远处，徐徐地挥动着、呐喊着。顺着他们的目光看去，就见一个年轻的短发女生，身着白衫黑裙，被人群簇拥在中间，左手拿着讲演稿，右手配合演讲做着手势，慷慨激昂地向大家讲着袁世凯签订的丧权辱国的“二十一条”。当讲到中华民族正面临亡国的危险时，她大声呼吁四万万同胞勿忘国耻，赶快觉醒，团结起来，抵制日货，拒绝在合约上签字……左边的少女听得入神，她为了看清女生的表情，把手中的伞都收了起来；扛着重物的男子也忘记了肩上的负重，聚精会神地听着女生那充满正义与力量的声音；右边那位挑着担子的老大爷，不顾这场大雨淋湿全身，依然被这女生演讲的内容所吸引；连小孩子也一头扎进人群，似懂非懂地望着台上讲话的大姐姐。也许他们在想：怎样叫做

天津女界爱国同志会证章

"爱国"……

这位一身正气、字字珠玑的少女，便是十五岁的邓颖超。此时的她，是天津女界爱国同志会的演讲队队长。她给大家布置讲演内容，安排讲演路线，组织带领女界爱国同志会的十几个女子讲演队活跃在天津的街头、巷尾乃至家庭。她们向大家讲日本对中国侵略时的残忍，讲亡国国民的痛苦，她们呼吁人们拒绝使用日货，还要教育儿童爱国。

一场雷雨的不期而至并未中断邓颖超和伙伴们的演讲，讲到动情处，她声泪俱下，听的人为之动容，久久不肯离去，还想多听几句。

"同胞们，日本人说我们中国人是五分钟热血，我们要回答他：'不！我们要坚持下去！'我们不依靠官僚卖国贼，他们只知道享受荣华富贵，依靠卖国过日子。我们要依靠自己的力量！一定要惩办卖国贼！一定不允许在灭亡中国的合约上签字的事情发生！一定要抵制日货，绝对不要日货，卡住日本鬼子的嗓喉，叫他们喘不过气来！"

"说得多好呀！"一位人力车夫一面鼓掌，一面对身旁一个中年人说，"你看人家这样一个小丫头，心里就像明镜儿似的；像咱俩这般的五尺大汉，要是再迷糊下去，就羞也羞杀了。"那位中年人点点头表示赞同。

一位中年女士对周围的妇女说道："过去不明白啥叫爱国，啥叫日货，今天听了这位先生的讲演算是明白了。咱们得同心协力不用日货，宁死不当亡国奴！"另一位少妇插嘴道："国家本来就穷，哪里还能让一些钱财都被东洋人用日货欺骗了去？"

邓颖超和同学们听到这些议论，心中顿时宽慰了许多。一天的奔波再辛劳，哪怕被雨淋，也是值得的！

就这样，天津女界爱国同志会在邓颖超等人的演讲之下，增大了宣传力度，扩大了影响力。一个星期里有三四天，人们会在大街

油画《雨中演讲》

上看到一群白衫黑裙的女孩子们，游行演讲。邓颖超通常走在队伍的前列，她们手执白旗，上写“商界同胞，齐起爱国”，散发写有“同心协力，奋起救国，惩办卖国贼，抵制日货”的传单。她们沿天津大经路、估衣街、西马路进西门，到鼓楼北折回北门，往东经北马路、东马路，再由水阁入宫南北街，自金华桥返回。几千妇女的游行队伍，在天津兜了一圈。她们的行为唤醒了各个阶层的人，他们自愿加入到游行队伍中去。队伍排成三行，小学生打头阵，中等以上学校的学生和教师、职员、家庭妇女分排左右，每十人为一组。有的进入商店演讲，有的沿路游行演讲。她们的爱国救国热情十分高涨，更令人在感动之余，对她们肃然起敬！

从五月四日到七月，短短两个多月，天津各界妇女，包括许多家庭妇女，已经觉醒并参加到爱国救国的行列之中。由反对在合约上签字、要求收回山东主权，到抵制日货、反对帝国主义的侵略。

而这场爱国运动也在邓颖超等人的努力之下，正在向纵深发展。这些天津热血儿女发自内心的声音，日夜回荡在万里长空，凝聚在人们的心田。

“五四运动”在天津，究竟起到了怎样举足轻重的作用？从邓颖超和她的讲演队活跃而振奋人心的举动，已能窥见一斑。她们的行为不仅仅感召了广大商人与妇女，更唤醒了整个天津卫的爱国救国意识。正是因为有着这些对祖国忠诚、对人民赤诚的年轻人，国家才有了未来、有了希望。

雨停了，浮云渐散，透出微弱的光亮。这光亮即将普照大地！

（叶　平）

上下求索　终定信仰

——周恩来的旅欧岁月

周恩来是最早接触马克思主义理论的革命先驱者之一。经过“五四运动”的洗礼，他的革命意识已经萌芽。为了进一步探求真理、明确“主义”、寻求新知，周恩来决定赴欧洲留学考察。

1920年11月7日，经南开学校创办人严修等的资助，周恩来作为华法教育会组织的第十五批勤工俭学学生之一，乘船远赴近代文明的中心——欧洲。临行前他与天津《益世报》商定，作为该报驻欧记者，以撰写通讯所得稿费来维持旅欧期间的生活。

经过一个多月的航程，周恩来终于到达巴黎，这是他第一次来到欧洲，他的眼界更加开阔，思维更加活跃了。

1921年春，周恩来加入中国共产党，这是他和入党介绍人张申府（右一）、刘清扬（右二）在柏林万赛湖的合照，右四为赵光宸

出国前，周恩来和大多数国人一样，认为“欧洲物质文明发达甚盛”，“欧战”虽然影响巨大，但“何能妨碍全体之发展”？然而现实打破了他们的梦想，一战后的欧洲，生产凋敝、满目疮痍、物价高昂、民生窘困，社会危机严重爆发。这使周恩来的思想受到很大的触动。

1920年与1921年，英国的煤矿工人正在举行声势浩大的同盟大罢工，这是经济危机下不可避免的产物。周恩来对这次大罢工非常关注，亲身考察和研究了运动的全过程，并撰写了大量通讯报道发表在《益世报》上。

一战后的法国，社会矛盾复杂尖锐，共产主义运动热情高涨。1920年12月中旬，周恩来到法国，当时法国共产党已经成立，马克思主义的书籍和报刊在社会上十分流行。在这里，周恩来如饥似渴地阅读了大量马克思主义的经典著作。

认真钻研马克思主义著作的同时，周恩来对欧洲各国纷然杂陈的各种社会思潮也进行了广泛的研究。通过观察、思考、分析、辨别，周恩来的思想认识发生了深刻的变化，他的马克思主义世界观日臻成熟。1922年3月，他在写给天津觉悟社成员的信中回顾了到欧洲一年来的感受，说：“我从前所谓‘谈主义便心跳’，那是我方到欧洲后对于一切主义开始推求比较时的心理，而现在我已得有坚决的信心了……觉悟社的信条自然是不够用、欠明了。但老实来说，用一个‘communism（共产主义）’也就足够了。”在另一封信中，他进一步表示：“我认的主义一定是不变了，并且很坚决地要为宣传它奔走。”

1921年春，经张申府、刘清扬介绍，周恩来加入了中国共产党。不久，他们又与陈公培、赵世炎一起组成了一个秘密的巴黎共产主义小组。巴黎共产主义小组是中国共产党初创时期的八个发起组之一。后来发展成为“中国共产党旅欧支部”。

在紧张繁忙的学习、考察、撰写旅欧通讯、对共产主义进行探求的过程中，周恩来还致力于把留学生，特别是勤工俭学学生中的革命力量团结起来，并亲自参与和领导了旅法勤工俭学学生的三次大规模斗争：1921年2月，华法教育会决定不再资助留法勤工俭学学生，北洋政府也回电拒绝给予救济，勤工俭学学生发动了第一次大规模的斗争；1921年6月至8月，北洋政府专使朱启钤来法国谈判3亿元借款，勤工俭学学生发动了爱国拒款运动；1921年9月，中法当局由于不满勤工俭学学生发起的拒款斗争，决定停发已改由使馆发放的勤工俭学学生的生活维持费；同时，由华法教育会创办的里昂中法大学也发出通告拒绝勤工俭学学生入学，另从国内招收新生，留法勤工俭学学生掀起了第三次斗争高潮。

“里昂中法大学事件”后，留法勤工俭学运动转入低潮，一些骨干被遣返回国。因此，党小组及其他各旅欧革命团体负责人一致认为，当务之急是建立一个统一的青年团体。

1921年底，周恩来和赵世炎等开始酝酿建立旅欧青年的共产主义组织。在此期间，周恩来经常奔波于德法之间，传达旅欧党组织的意见，启发青年的革命觉悟。1922年6月，由赵世炎、周恩来等发起组织的“少年中国共产党”（后改称“旅欧共产主义青年团”）成立，将先进的旅欧青年团结在党的周围。

旅欧党团组织的建立，是中国共产党在欧洲活动的重要成果，也是勤工俭学运动的重要成果。它在欧洲树立了马克思主义的旗帜，成为团结、教育全体旅欧青年和华工乃至华侨的政治核心组织。

旅欧党团支部成立以后，曾先后出版机关刊物《少年》和《赤光》，成为旅欧党团组织宣传马克思主义、介绍十月革命和研究中国革命问题的舆论阵地。周恩来在《少年》和《赤光》上接连发表了几十篇文章，热情地宣扬马克思主义，并积极同当时流行的错误思潮做斗争。

中共旅欧组织建立后，正值国内第一次国共合作的酝酿形成期。以周恩来为首的旅欧党团组织积极贯彻执行国内中共中央的指示，同国民党人携手，建立了国共合作的统一战线，进一步增强了旅欧华人的团结，壮大了革命声势，为党的统一战线政策的实施，积累了宝贵的经验。

油画《我认的主义一定是不变了》

1924年6月，随着国内革命形势的迅猛发展，急需大批优秀的人才。1924年7月下旬，党中央调周恩来回国工作。旅欧中国共产主义青年团在给团中央的报告中，对他作了如下的评语：

周恩来——浙江，年二十六，诚恳温和，活动能力富足，说话动听，作文敏捷，对主义有深刻的研究，故能完全无产阶级化。英文较好，法文、德文亦可以看书报。本区成立的发启（起）人，他是其中的一个，曾任本区三届执行委员，热心耐苦，成绩卓著。

从22岁到26岁，周恩来在欧洲总共度过了将近四年的时间，四年里周恩来的变化多大啊！当他初来到欧洲时，还是个求学若渴、追求革命真理的青年学生，而当他走向归国征途的时候，他已经是一个坚定的共产主义者、成熟的职业革命家了。而等待着他的则是波澜壮阔的大革命洪流，以及更加繁重艰巨的革命重担！

（吕小南）

哀梨并剪挑破封建遮羞布
文情并茂唤醒时代新女性

——浅赏邓颖超在女星社期间的文章

1923年4月2日，邓颖超和几位达仁女校的同事在校长马千里主编的《新民意报》编辑部，筹备成立一个进步的妇女团体。起个什么响亮名字呢？大家七嘴八舌，说了几个，都不满意。邓颖超笑着说：“叫‘女星’好不好？希望它像明亮的星星，照耀中国妇女运动发展的前途。”“好！这名字既响亮，又有意义！”“是啊！我同意！”“我也同意！”于是，这个由以邓颖超等人为首的一批青年马克思主义者和进步分子所创办的、以“实地拯救被压迫的妇女”“宣传妇女应有的革命精神”“力求觉悟女子加入无产阶级的

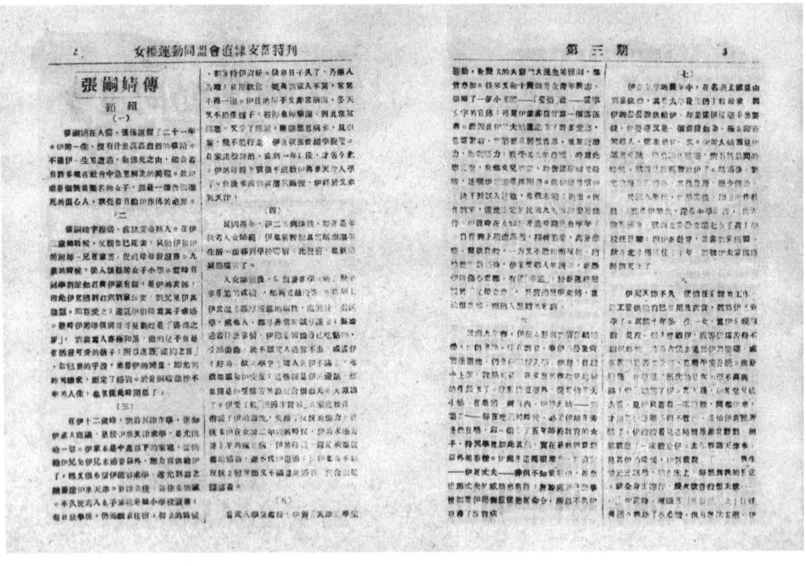
2 女權運動同盟會直隸支部特刊

張嗣婧傳

穎超

第三期 3

邓颖超在《女权运动同盟会直隶支部特刊》上发表的文章

革命运动”为宗旨的进步团体——“女星社”正式成立了。

邓颖超在女星社期间，以社团专属期刊《女星》及其他交换刊物，如《妇女日报》《觉邮》《女权运动同盟会直隶支部特刊》等文字媒介为阵地，撰文发表了多篇文章，抨击传统男尊女卑的社会制度，探讨妇女解放的根本路径。其中，也蕴含着青年邓颖超在宣传妇女解放的过程中，对爱情、对婚姻、对女性生活的真知灼见。时至今日，这些观点仍然具有一定的时代感和导向性，甚至对青年女子确立正确的爱情观、婚恋观乃至价值观，都有着极大的参考价值。

1923年5月，邓颖超在《错误的恋爱》一文中写道，两性纯洁爱情的产生，决不同于两性简单的吸引，也不是浪漫的一见钟情，它的来源“须得要基础于纯洁的友爱，美的感情的渐渐浓厚，个性的接近，相互的了解，思想的融合，人生观的一致等成分上面。此外，更须两性间觅得共同的‘学’与‘业’来维系着有移动性的爱情，以期永久。这种真纯善美的恋爱，是人生之花，是精神的高尚产品，对于社会、对于人类将来，是有良好的影响的”。邓颖超在这里不仅指出了爱情一定要基于志同道合，有着共同的追求与信念，

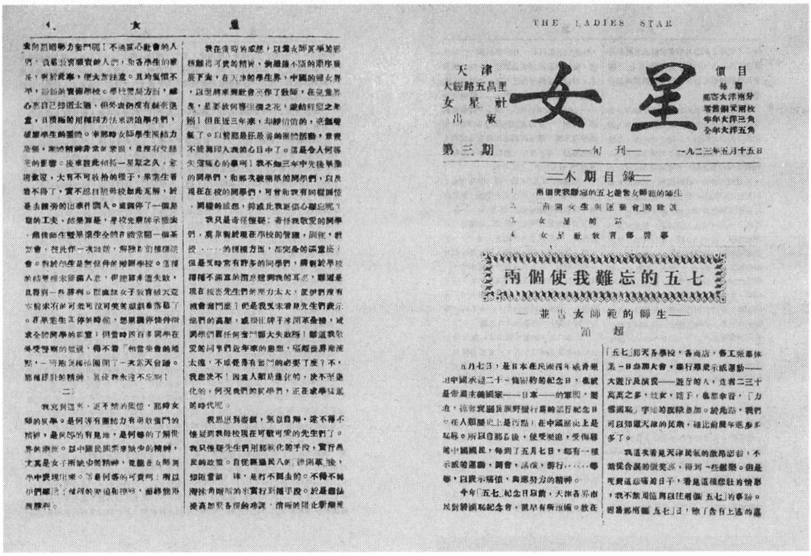
THE LADIES STAR

女星

天津 大經路五昌里 女星社 出版

價目 每期 ……

第三期 —旬刊— 一九二三年五月十五日

本期目錄

1. 兩個使我難忘的五七並告女師範的師生
2. 「南開女生與運動會」的餘波
3. 女星的話
4. 女星社教育部啓事

兩個使我難忘的五七

——並告女師範的師生——

穎超

邓颖超在《女星》上发表的文章

而且爱情本身就是一个始终发展的过程。所以，邓颖超提出了一个充满辩证法精神的新概念：“移动性的爱情”——永恒的爱情固然美好，但这只是一种愿景，若想永葆爱情的纯粹与恒久，就需要双方不断地努力与付出，不断地添加爱情的砝码，使男女双方始终处于一种相对平衡且和谐的恋爱状态。

邓颖超为什么会有这样一番深刻的感慨呢？除了她青年时期就已经确立了婚恋自由的观念之外，还因为她在发表这篇文章的上个月，目睹了觉悟社员张嗣婧，也就是化名为“衫弃”的女子“在旧家庭中为恶势力所摧残而牺牲了”的全部过程。由于嗣婧屈服于父母包办的婚约，委曲求全，不仅每天要伺候姑婆，还要时刻无条件服从患有羊角风病的丈夫的各种无理要求，致使她积郁成疾，患病多日。当她怀孕后，婆婆没有给她任何的关怀与照料。嗣婧生产一女后，拖着病体，一边继续伺候着一家老小，一边还要教书维持自己的生计。生产不过数月，她残忍的丈夫竟再次令她怀孕，待她拼了半条命生下男婴之后，狠心的婆婆不顾她身体虚弱，反而变本加厉，不仅不为她求医问药，还支走了仆人、收走了她的所有厚被子，甚至振振有词地解释说是怕她生病脏了被子！身心的双重摧残，终于令病重的嗣婧在十几天后，带着对自由的向往，也带着对封建旧礼教的怨念，含恨而终。

张嗣婧的死，激起了邓颖超的强烈愤慨。她认为嗣婧的死固然是旧式婚姻所造成的，但她本人一味地消极忍受也是导致悲剧的重要原因。她在1923年的5月，在《姊妹们起来哟！》里，如是说道：“生活在人类解放的20世纪的女性，首先要承认自己是一个‘人’，争得一个做人的基本权利。女性要使自己真正活得像个‘人’，首先必须从思想上解放自己，起来反抗并彻底消灭那蔑视女子人格的旧礼教、旧婚姻制度。其次，要自强不息，依靠自己闯出自己的事业。经济独立，生存自立，才能摆脱对男性的依附，从而才有条件去追求爱情与婚姻的自由。”最后，邓颖超充满激情地鼓

励女性说："新人生，新事业，新天地，新光明，全是凭人的力量、人的努力和勇敢创造的精神去开垦得来的，不是天赋的，不是命定的。勇敢起来，做一个真正的'人'。"

由此可见，邓颖超自始至终所表达的观点，便是对于婚恋的自由完全要靠妇女自己主动去争取。她关于经济自立才能人格独立，经济自由才能婚姻自由的思想探讨，远远超越了当时关于妇女解放的那种纯粹道德化的呐喊。

就在嗣婧的死亡阴霾刚刚淡出邓颖超等人的视线不到两个月，邓颖超在女师读书的同班同学石君，被以母亲病重的理由骗回家中，被迫陷于包办婚姻的囹圄，忍辱负重，受尽婆家折磨。而其精神上所遭受的戕害，更是彻底地毁掉了一个如花似玉的朝气少女。邓颖超在得知石君的不幸遭遇后，痛心疾首道："现在五年的师范教育，还不及一年半的家庭管教所收的效力大……造就五年的人才，竟被一年来的旧家庭染化了，这在教育上，是何等伤心可羞的事呵！教育当局们，我愿你们彻底醒悟，改弦更张吧！"的确，在邓颖超犀利的字里行间，那种深深的反讽之情令旧制度汗颜，更令残

1923年，邓颖超等在天津女星第一补习学校开学时的合影

害压迫妇女的封建礼教大惊失色。

总之，邓颖超在女星社时期所做的文章，更多的是有感而发于身边的人和事——特别是看到那些原本如她一般，有理想、有抱负，追求自由平等，与她几乎同龄的女青年的不幸遭遇，更令她痛心疾首。她急切地想把一切正面的信仰与感悟，满腔热忱地分享给所有有所追求的女性同胞们。她以笔做枪，一鼓作气，击中的是那些陈旧老化、迂腐不堪的封建遗毒；挑破的是那些行将就木、气数将尽的封建顽疾。

（叶　平）

无缘再为人母　博爱天下儿女

——“全世界的孩子都是我们的孩子”

1925年，周恩来、邓颖超的结婚照

晚年的邓颖超在闲暇时常常对秘书赵炜说：“你看你，一儿一女多好呀。虽说我‘无儿无女赛仙家’，但仙家虚无缥缈，还是一枝花实在呀。”话语间，流露出邓颖超对孩子的喜爱和无缘再为人母的怅然。了解周总理和邓大姐的人都知道，他们非常喜欢孩子，但他们夫妇为什么没能有一个属于自己的孩子呢？这还要从他们刚结婚不久说起。

1925年8月8日，周恩来和邓颖超在广州结婚。10月，邓颖超发现自己怀孕了。当时，她心里有些慌乱，丈夫率领东征军去了汕头，母亲杨振德又远在天津不在身边，自己刚刚到广州协助何香凝做妇女工作，才打开点局面，哪里有时间生孩子？想来想去，邓颖超自作主张去街上买了打胎药，想悄悄把孩子打掉。谁想到，这药药性太强，她吃后一个人痛得在床上直打滚，虽然心里害怕也不敢对人说，只请了一个星期的病假。11月，身体刚刚有所好转的邓颖超又被派到汕头一带开展妇女工作。周恩来在得知邓颖超背着他私自堕胎的情况后，第一次对邓大姐发起了火，这也是他们夫妻间几十年来少有的一次。周恩来责备她不应把生孩子和革命工作完全对立起来。孩子没有罪，革命者的孩子也有生存的权利。身体是革命的本钱，为了革命随时需要流血牺牲，但是绝不能糟蹋自己的身体，打胎也要夫妻间商量下，怎么能自作主张，轻率从事？就这样，周恩来和邓颖超失去了第一次做父母的机会。

邓颖超知道周恩来喜欢孩子，第二次怀孕时，她一心想把孩子生下来。但这次周恩来又没能在邓颖超身边。1926年12月，周恩来被调到上海工作，邓颖超因为身怀六甲和母亲留在了广州。1927年3月21日是邓颖超生产的日子，也正好是周恩来在上海领导工人进行第三次武装起义成功的日子。可谁知由于胎儿超过了正常标准，三天三夜也没生出来。当时还没有剖腹产一说，医生在跟杨妈妈商量后，决定用产钳将婴儿从产道强行拉出。这是一名男婴，有近十斤重，但由于使用产钳使其头颅受到了严重损伤，刚生下不久便不幸夭折了。

这次难产使邓颖超付出了沉重的代价，不仅给她的内心造成

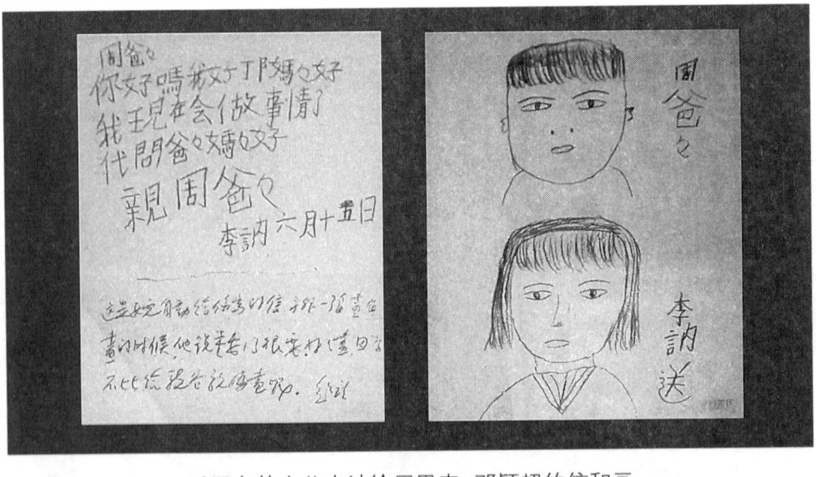

毛泽东的女儿李讷给周恩来、邓颖超的信和画

了极度的痛苦，而且彻底损伤了她的身体。十几天后，上海发生了“四一二”反革命政变，紧接着，广东军阀也开始大规模搜捕和屠杀共产党人，局势非常紧张，正在医院养病的邓颖超必须和母亲尽快离开广州。最后，在德国教会医院王德馨医生的帮助下，邓颖超化装成护士乘德国领事馆的小电船离开了广州，先到香港中转，又经过好几天的海上颠簸最终到达上海。等她找到周恩来的时候，人已虚弱得不行了。后来，邓大姐在一家日本人开的医院住了两个星期，日本医生给她检查说因为产后过度疲劳，她的子宫没有收缩好，今后可能不会再怀孕了。当周恩来得知这一情况后，他坦然地安慰邓颖超：“没孩子就没孩子吧。”残酷的战争年代使周恩来和邓颖超这对恩爱的革命夫妻永远失去了做父母的机会。

虽然没有自己的孩子，但周恩来、邓颖超夫妇把全部的爱都献给了全中国的孩子们，尤其是对为革命牺牲的烈士子女更倾注了极大的关怀和疼爱。周总理的表姐龚志如曾不无惋惜地提到：“美中不足的是，你们没有一个孩子……”周恩来自豪地反驳说：“谁说没有？我们有十个！”他看了看邓颖超，邓颖超含笑点了点头。周恩来接着说：“十个！全是烈士的后代！全部由我们抚养和负担。他们的父母为革命牺牲了，我们就担当起父母的责任。他们都在健康地成长。”其实，就人们所知道的，由周恩来夫妇抚养大的烈士子女，又何止十个呢？周恩来与邓颖超的住处时刻都是孩子们温暖的家。孩子们在周恩来、邓颖超的关爱和教育下健康成长，亲切地称呼他们为周爸爸、邓妈妈。

邓颖超曾说过：“全世界的孩子都是我们的孩子。”没有亲生孩子的他们把普天下的孩子都当作是自己的孩子。他们这一生，注定要把爱洒向更多的孩子……

（韩丽倩）

流金岁月　艰难缔造

——见证历史的锦旗

周恩来是中国人民解放军的缔造者之一，他在中国革命历史的进程中立下了不朽的功勋，在许多重大的历史事件中他也起着非凡的作用。周恩来邓颖超纪念馆陈列着这样一件展品，一面宽约30厘米，长90厘米，上面写着“艰难缔造”四个大字的红色锦旗。随着时间的推移，这面锦旗原本的颜色虽已渐渐褪去，但它却承载了中国人民解放军艰难缔造的历程，加深了人们对那段历史的记忆。

1927年7月15日，以汪精卫为首的武汉国民政府继蒋介石之后公开叛变革命，正式宣布与共产党决裂。大批共产党员和革命群众遭到血腥的屠杀，大江南北顿时血流成河。面对血的教训，为了挽救革命，中国共产党临时中央常委会在武汉召开了两次会议。会

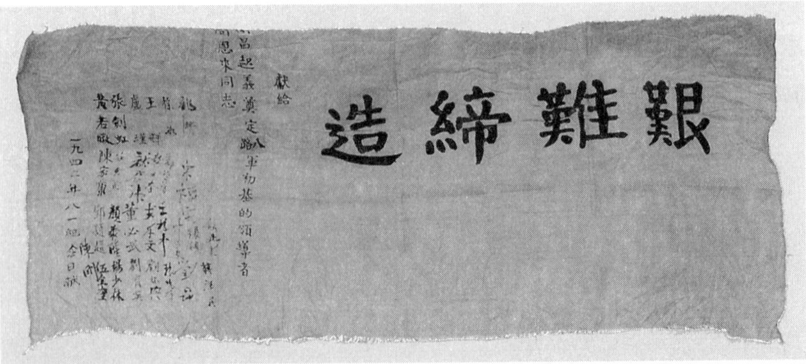

1942年，为纪念南昌起义15周年，中共中央南方局工作人员签名献给周恩来的“艰难缔造”锦旗

议决定：以武装斗争来反对国民党反动派的屠杀政策，以国民革命委员会名义在南昌举行武装起义，并任命周恩来为中共前敌委员会书记。7月27日，周恩来到达南昌，并在南昌市中心洗马池的江西大旅社召开会议。根据中共中央的决定，成立由周恩来、李立三、恽代英、彭湃组成的中共前敌委员会，同时经过详细讨论，最后决定在7月30日晚举行起义。在这期间，周恩来与朱德、贺龙、叶挺等人对起义进行了周密的准备和详细的计划。正当起义工作紧张准备的时候，张国焘以中央代表身份多次提出起义要慎重，等他到达南昌后再决定。7月30日早晨，张国焘急匆匆赶到南昌，前委立即召开紧急会议听取张国焘的意见。会场气氛十分紧张，张国焘以种种借口阻挠起义，并声称要争得非中共党员的国民革命军第二方面军总指挥张发奎的同意。周恩来和前委的其他成员一致反对张国焘的错误主张，并指出："暴动断不能迁延，更不可停止。"会议未能解决问题。7月31日早晨，周恩来继续主持召开前敌委员会紧急会议，经过数小时的激烈争论，在得知张发奎参加了庐山反共会议后，张国焘终于表示服从多数意见，会议最终决定于8月1日凌晨举行武装起义。

8月1日凌晨2时，一声枪响划破寂静的夜空，周恩来、贺龙、叶挺、朱德、刘伯承等领导在中国共产党掌握和影响下的国民革命军两万余人，在南昌发动了武装起义！中国共产党打响了武装反抗国民党反动派的第一枪。

经过数小时的激战，到凌晨6时，城内的敌人全部被肃清，起义军占领了南昌城，共歼敌三千多人，缴枪五千多支、子弹七十多万发，还有数门大炮。南昌起义成功了！此时旭日初升，经过战争洗礼的南昌城在曙光的映照下显得格外生机勃勃，战旗在城楼上迎风飘扬，胜利的捷报传遍大街小巷。

南昌起义成功后，周恩来领导中共前敌委员会对起义部队进行了整编。从此，中国共产党有了一支属于自己的革命军队，在这

油画《南昌起义》

支以周恩来为首的起义部队里，更走出了后来人民解放军的六位元帅：朱德、贺龙、刘伯承、聂荣臻、陈毅和林彪。正如聂荣臻所说，南昌起义具有伟大的历史意义，它向国民党反动派打响了第一枪，标志着由我党领导的中国革命的新阶段——第二次国内革命战争的开始。从这时起，中国人民自己的军队诞生了。

1942年8月1日，在南昌起义15周年之际，身处重庆的中共中央南方局的同志们回想起了那个令人激动人心的夜晚，想到了我军建立的艰辛历程，更想起了周恩来为人民军队建立所作出的巨大贡献，于是大家决定制作一面锦旗。他们找来了一块红色绸缎，由董必武手书，从右至左写下“艰难缔造”四个大字，并在其后竖书“献给南昌起义奠定八路军初基的领导者周恩来同志”字样。最后，大家纷纷签上自己的名字，有董必武、邓颖超、徐克立、张颖、刘昂等28人，落款为“一九四二年八一纪念日献”。南昌起义是一段刻骨铭心的记忆，周恩来将锦旗收下，并交由邓颖超妥善保管。

新中国成立后，西花厅成为了周恩来、邓颖超的家，这面锦旗被邓颖超珍藏在卧室床前的小保险柜中。1992年邓颖超去世后，工作人员们在整理邓大姐遗物时，在小保险柜中发现了这面锦旗，它被两位伟人珍藏了五十年之久。今天，我们的人民军队已经走过了八十多年的历程，哪里有危难他们就会出现在哪里，他们深受老百姓的爱戴。他们也承载着老一辈无产阶级革命家的遗志，更不负周恩来等人的“艰难缔造”。

（王笑琦）

恢宏壮丽　佳作天成

——油画《遵义会议》

在周恩来邓颖超纪念馆中展示着一幅大型革命历史题材油画——《遵义会议》。它是我馆2010年6月改陈对外开放后，第一次呈现在世人面前，当时引起了无数观众的驻足欣赏。

这幅油画属人物群像，由我国著名画家沈尧伊教授创作完成。画长5.04米，宽1.84米，与国家博物馆保存的同名油画为姊妹篇。1935年1月，红军抢渡乌江，占领贵州第二大城市——遵义。自长征开始以来红军有了第一个喘息的机会。为了总结第五次反"围剿"失败的原因，统一党内思想，争取红军的光明前途，1935年1月

遵义会议旧址

15日傍晚，中共中央在遵义老城枇杷桥柏辉章公馆二楼东厢房召开了中共中央政治局扩大会议，史称遵义会议。该油画描绘的就是当时会议召开时的情景。

仔细端详整幅油画，不禁被作者深厚的艺术和历史功力所折服，让人有身临其境的感觉。画面中，会议室外阴云密布、细雨缠绵、灯光幽暗、景色萧条，让人深感此时的红军在国民党军队的围追堵截下，正处在严峻的形势之下，前途未卜；会议室门外3名战士戒备森严，衬托出会议的重要和危急紧张的氛围。灯光明亮的会议室内，以方桌为中心或坐或站围了20人，从左至右依次是李富春、王稼祥、张闻天、毛泽东、周恩来、博古、凯丰、朱德、陈云、彭德怀、聂荣臻、刘少奇、邓小平、李卓然、林彪、杨尚昆、刘伯承、伍修权、李德、邓发。画面中的人物表情各异，神态丰富，各具特色，不落俗套。大到一个动作，小到一个眼神，把人物刻画得淋漓尽致、入木三分。其中毛泽东倚坐在方桌的左侧，表情大气舒缓，神态沉着冷静，充满智慧的目光深邃地望着远方，对未来充满着自信和希望，他的右手正将香烟从左手的烟盒中抽出，气定神闲、豪迈大方；周恩来站在毛泽东后面，头戴八角帽，身着深色军装，站得笔直，目光坚毅有神，面部瘦削，留着长须，英俊坚毅；作为“三人团”成员的博古坐在周恩来的左侧，他眉头紧锁、表情凝重，左手拿着报告文本认真阅读，右手夹着香烟，若有所思，对红军军事战略战术指挥上的失误负有责任的他，此时已无话可说；同样对军事指挥失误负有责任的李德，此时也自知处于劣势，情绪低落，独自坐在门口一言不发，只是一个劲儿地吸着雪茄。会议室右侧墙上的马克思画像格外引人注目，它似乎告诉我们，中国共产党作为马克思主义政党，立场是坚定的，无论遇到什么挫折和在多么严峻的形势下，都始终抱着坚定的共产主义信念和理想，坚信在中国“英特纳雄耐尔(International)”一定会实现。方桌下小炭盆中的炭火正在燃烧，闪耀着光芒，它也暗示着中国革命如今的逆境只

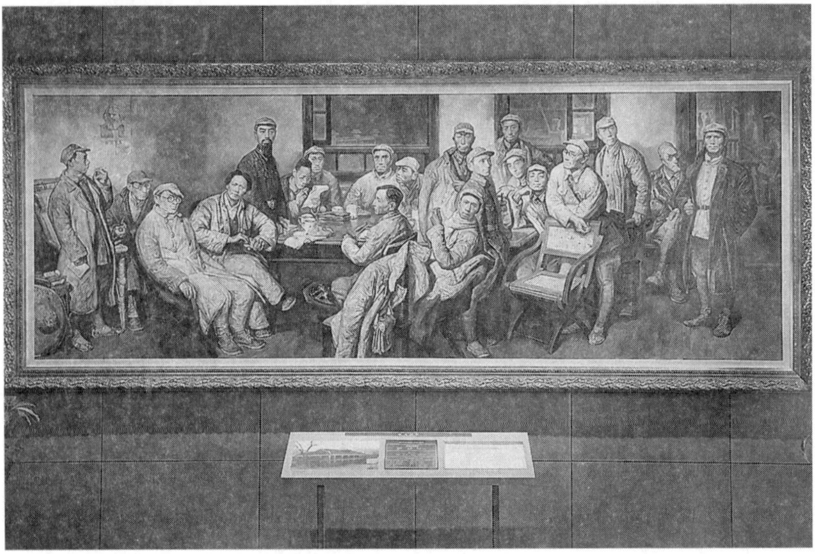

油画《遵义会议》

是暂时的，中国革命的前景和未来是光明的，中国共产党人始终保持着永不放弃的斗志和希望！

在遵义会议中，周恩来承认了军事领导在战略战术上犯的错误，并主动承担责任，做了诚恳的自我批评。通过三天的讨论，会议最终解决了党内所面临的最迫切的组织问题和军事问题，结束了"左"倾教条主义在中央的领导地位，确立了毛泽东在中共中央和红军的领导地位，挽救了党、挽救了红军、挽救了中国革命，是中国共产党历史上生死攸关的转折点。从此，中国共产党在以毛泽东为代表的马克思主义正确路线的领导下，克服重重困难，一步步地引导中国革命走向胜利。

遵义会议能够取得如此重大的成果与周恩来的作用是分不开的，毛泽东曾感慨地说："遵义会议是一个关键，对中国革命的影响非常之大……如果周恩来不同意，这个会是开不起来的……周恩来同志起了重要作用。"这一巨大作用，同样从作者独特的艺术构图中表现了出来。画面里，与会者有三分之二处于右侧，而左侧则主要描绘了毛泽东和周恩来的形象。但画面给我们的整体感觉，并未因人物构图如此安排而有丝毫的比例失调。艺术家通过独特的创作构思，将站立的周恩来以深色的着装加以突出，将其放在画面左侧的黄金分割点处，使周恩来成为平衡画面的砝码，赋予画面整体一种和谐自然之美，又彰显出了周恩来在此次会议上举足轻重的地位和作用。

遵义会议以后，红军在党中央正确军事路线的领导下，犹如飞龙、天马，纵横驰骋于川、黔、滇广大地区，迂回穿插于敌人主力兵团之间，终于跳出了数十万敌军围追堵截的包围圈，实现了红军伟大的战略转移。因此，这幅油画所展现的不仅仅只是一次会议，更是一个时代的缩影，以及以毛泽东、周恩来为代表的共产党人的担当与坚毅、智慧与胆识。

（姜晓熠）

英雄相惜　齐心救国

——西安事变中的周恩来与张学良

张学良先生晚年在海外接受电视采访时说过一段话："我本来在中国人里佩服几个人，周恩来是第一个，我是非常地佩服他。"周恩来与张学良的友谊可以追溯到20世纪30年代，是西安事变让张学良更深刻地认识了周恩来，并通过他认识了中国共产党。这对近代史上的传奇人物有着一段英雄相惜的动人故事。

1931年9月18日，日本帝国主义向中国东北重镇沈阳发起进攻，蒋介石命令东北军司令官张学良将军和他的部队"绝对不抵抗"。结果，东北军十几万大军，一枪未放，从沈阳撤到关内。东北三省全部被日本帝国主义侵占。

张学良和他的官兵远离沦陷的家乡，却被蒋介石指派到江西反共前线，在和共产党的战斗中屡战屡败。面对内外交困的局面，东北军对蒋介石投降卖国打内战的政策极为不满，强烈要求抗日。

红军长征到达陕北后，张学良的东北军又被派到中国西北地区，同杨虎城的西北军一起围攻红军。对张学良来说，西北的遭遇并没有比江西好多少。东北军继续受到红军的沉重打击。事实教育了张学良、杨虎城及其将领，使他们清楚地认识到，红军受到人民群众的拥护，有强大的战斗力，"剿共"非但没有出路，并且如果继续这样"剿"下去，实力势必消耗殆尽。现实逼着他们要寻找一条新的出路。

张学良、杨虎城二人虽说都是国民党地方军阀的首脑，但他们都具有强烈的爱国情怀。杨虎城在大革命时期就已结识过一些

周恩来与张学良进行秘密谈判的延安城内的天主教堂

共产党员，同共产党有过一些合作。张学良面对国恨家仇，内心更是愤懑。在严峻的现实面前，张学良、杨虎城的思想逐步发生了变化，他们先是苦闷彷徨，不知何去何从，继而经过反复思索，终于看清了方向。

在中共中央与东北军的多次斡旋下，1936年4月的一天晚上，在延安的一座天主教堂里，张学良终于见到了他久仰大名、蒋介石悬赏八万元要其首级的中共中央副主席周恩来。

会谈开始没多久，张学良和周恩来便不约而同地发现，两人的谈话竟然如此投机，都感到一见如故、相见恨晚。周恩来钦佩张学良的坦诚相见和爱国思想，张学良也很敬佩周恩来的学识和智慧，表示坚决不再打内战了。延安在那个时候叫做“肤施”，故这次会谈在历史上被称为“肤施会谈”。

此后，红军和东北军、西北军达成了君子协定，约定双方私下里不再互相攻击。后来，蒋介石亲自飞到西安督战，命令张学良、杨虎城两位将军向红军进攻。张、杨二人知道，如果和红军开仗，自己的军队必然土崩瓦解；但如果不打，就要被蒋介石调往南方，

铜雕《周恩来与张学良》

实行“改编”，前途也不妙。他们几次三番苦苦劝说蒋介石停止内战，一致对外，蒋介石根本不听。于是，张学良、杨虎城在西安学生、市民的支持下，实行了“兵谏”。1936年12月12日，张、杨的部队逮捕了蒋介石，震惊中外的西安事变就此爆发。

蒋介石被捉，一时全国大乱。日寇趁机进攻，要消灭红军；英美等国也为了自身利益加紧活动；国民党内部亲日派抓住时机，以平抑叛乱为名，派飞机轰炸西安；亲美派的宋美龄、宋子文等人则内外斡旋，希望早日把蒋介石搭救出来；还有人主张杀了蒋介石以谢国人。一时间众说纷纭，莫衷一是。此时，张学良、杨虎城也没了主意。这时候，他们想到了共产党，必须请共产党来出面调停，收拾局面了。

中国共产党决定派周恩来去完成这个艰巨的任务。为了解决西安事变，周恩来在西安住了60多天。面对复杂的形势，周恩来以他高超的智慧，解决各种复杂矛盾的能力，花了极大的力气，把各方面的意见统一到靠中国共产党和平解决西安事变，逼迫蒋介石抗日，建立抗日民族统一战线的方针上来。他今天同张、杨会谈，明天布置红军保卫西安，给张、杨以军事上的支持；今天到东北军、西北军官兵中演讲，明天又接见西安社会名流，讲解中国共产党的政策，解除他们的疑虑；今天开群众大会，向市民们演说，明天又给抗日团体做报告。每天深夜，他还要通过电报与延安的党中央联系，分析形势，研究对策。多少艰难危急，经过他的处理都化险为夷。在那段危机四伏的日子里，西安人中流传着一句话："中国有救了，周恩来在西安！"

在周恩来、叶剑英等人和中共代表团的努力下，蒋介石被迫接受了"停止内战，一致抗日"的主张。西安事变得到了和平解决，抗日民族统一战线初步建立。

（刘　燕）

安危谁与共　风雨忆同舟

——周恩来与张冲

在周恩来的一生中，曾经与许多国民党高级将领结下深厚的友谊。周恩来以其伟大的人格魅力，使友谊超越了时空，超越了意识形态，即使是残酷的政治坚冰也常常被他那具有浓浓春意的热流所融化。而最能展现周恩来伟大人格魅力的范例莫过于他与蒋介石的股肱之臣、陈立夫陈果夫的至信之人、长期承担国民党与中共谈判之责的浙系将领张冲的交往。

1937年，周恩来和张冲在杭州合影

张冲生于浙江乐清县，早年的张冲追随国民党中统创始人陈立夫、陈果夫左右，主要从事国民党的党务和特工工作，不遗余力地参加国民党剿共、灭共的各项活动。1930年前后，设在上海的中共中央机关先后发生了何家兴、白鑫、顾顺章等叛变事件，痛失了罗亦农、彭湃等重要领导人，唯独令蒋介石最怕、最恨的周恩来幸免于难。不仅如此，周恩来亲自领导的中央特科在保护中央机关和中央负责人安全、获取敌人情报、打击特务和镇压叛徒等方面，成绩卓著，令敌人闻风丧胆。

在这种情况下，发生了“伍豪事件”。1932年2月中旬，在上海《申报》《时报》《新闻报》等相继刊出《伍豪等脱离共党启事》，这则谣言的主谋就是张冲。

伍豪启事抛出后不久，我党当即采取措施进行反击，使所谓伍豪启事的真相大白于天下，国民党的造谣污蔑阴谋彻底失败。

张冲对中共态度的转变始于西安事变之后。1936年西安事变后，蒋介石答应停止内战，一致抗日。此后，国共两党进行了多次会谈磋商和正式谈判。在此过程中，周恩来与张冲作为各方代表自始至终参加了这一历史进程的每一个环节。也正是在谈判过程中，尤其是在与周恩来的直接交往中，张冲对共产党的认识开始有了明显的转变。特别是在1937年5月，由张冲出面与中共牵线搭桥促成国民党考察团访问延安一事，更是对张冲的思想产生了极大影响。他曾悄悄告诉好友：“中国不会亡，民族大有希望，人民大有希望，这是我去陕北后亲身领略到的。”这为张冲此后四年在与中共谈判中表现出的维护大局、秉持公义、抛开党争，一切以民族危亡之大义为重的作为奠定了思想基础。

抗日战争爆发后，周恩来代表中共中央与国民党进行谈判，以周恩来为首的中共代表团坚持中国共产党的原则立场，从全国人民的根本利益出发，为争取实现中国的和平、民主、独立和统一，做出了真诚的不懈的努力。与此同时，从1937年国共开始第二次合作到1941年8月张冲因病去世，张冲作为蒋介石的联络特使，顶着国民党顽固派的巨大压力，以一个爱国者的正义姿态斡旋于两党之间，为促进国共合作抗日做出了杰出的贡献，并在此过程中成为周

周恩来挽联碑照

恩来的挚友良朋。

在国共谈判期间，张冲置顽固派的攻击陷害于不顾，多次真诚地给周恩来以工作上的帮助。在其住处常可接到周恩来打来的电话，而张冲通常是这样开头的：“喂，我是淮南，你是恩来吗？”关系融洽可见一斑。周恩来在重庆曾家岩的住所处在特务的严密监视之下，张冲不顾个人安危，尽力保证周恩来顺利进出，开展工作。

“皖南事变”的意外冲击，使张冲身心备受创伤。此后，张冲折冲外交，奔走国事，内外交困，以至心力交瘁。1941年6月先是染上伤寒，继而发展为恶性疟疾。但他仍然力疾从公，为国共团结而操劳。周恩来在张冲病重期间多次前去探望，嘱其注意身体，避免劳思，关怀备至。

时值日军对陪都重庆进行疯狂轰炸，加之重庆气候炎热，医护不周，政敌刁难，张冲于1941年8月11日病逝于重庆郊外四十里的云龙旅馆山洞中，年仅38岁。

得悉张冲病逝，蒋介石亲临祭奠，给予其极高的评价。消息传至延安，中共领导人毛泽东、董必武、林伯渠、吴玉章、陈绍禹（王明）、秦邦宪（博古）、邓颖超、钱之光、潘汉年联名致送挽联。最感人的莫过于周恩来亲书的挽联“安危谁与共？风雨忆同舟”。

1942年11月9日，周恩来与董必武、邓颖超等中共人士一同参加了张冲的追悼会。在追悼会上，周恩来发表了历时20分钟的演讲，高度概括了张冲短暂的一生中，在中华民族危亡之际，斡旋于两党，为民族大义，为共同抗日鞠躬尽瘁死而后已的精神。

周恩来与张冲虽然各为其党，但都不忘民族大义，坚持相忍为国。他们这种忠诚坦荡与气节，肝胆相照的公谊与私谊，给后人留下了传世佳话。张冲的转变与努力令人起敬，而周恩来不计前嫌、一心为抗日大计的博大政治胸怀，更是共产党人的楷模。

（翟宝松）

伟人之交　旷世之情

——周恩来与陈嘉庚

周恩来在数十年统一战线的伟大实践中，广交朋友，团结一切可以团结的民主人士，包括广大的海外同胞和华侨领袖，并成为他们的知心朋友，陈嘉庚就是其中的一位杰出代表。

陈嘉庚先生是一位爱国华侨领袖。他生于1874年，17岁时前往新加坡谋生，经过几十年的艰苦奋斗，成为南洋华侨界有名的实业家。陈嘉庚致富后不忘苦难中的祖国，数次返回故里，出资兴办学校、参与爱国运动。1937年抗战爆发后，他更是集合南洋各地的代表，成立南侨总会，用自己在华侨界中的影响力和号召力，筹募巨款支持祖国的抗日战争。

1940年3月，全面抗战进入关键时期，陈嘉庚率领南侨慰劳团回到阔别19年的祖国。此行目的一是向抗战军民致敬慰之意，二是考察国内政治状况。但是到了重庆后，却感觉所见所闻“无一项稍感满意”，这使他由以前亲蒋疏共、对国民党蒋介石“抱有厚望”的态度，转为对其忧心忡忡，大失所望。

结束重庆的慰劳考察活动后，陈嘉庚先生率领的慰问团分赴各地继续进行慰问。但是陈嘉庚先生所计划的亲赴延安之行却遭到蒋介石的百般阻挠，再加上延安临近前方，经常受到空袭，因此陈嘉庚访问延安之途充满凶险。1940年5月31日，陈嘉庚一行终于冲破重重阻拦到达了延安。

陈嘉庚的延安之行成为他一生的重要转折点，在这里他看到了中共方面坚持国共团结、坚持抗战到底的坚定立场和诚恳态度，感受到了延安党政军民艰苦奋斗的精神以及由此形成的良好的社会风气，使他对抗战胜利充满了信心。但是延安之行让陈嘉庚唯一感到遗憾的是，没有见到仰慕已久的周恩来。

陈嘉庚第一次见到周恩来是1940年7月21日。当时陈嘉庚结束西北慰劳考察回到重庆，周恩来闻讯亲自到陈嘉庚下榻处与之见面。这次会面都给两人留下了较深的印象。会谈间，周恩来向陈嘉庚介绍了共产党对抗战时局的主张，指出："国共合作是历史的潮流。坚持抗战反对投降，坚持团结反对分裂，坚持进步反对倒退，这是我们共产党人的三大主张。顽固派搞摩擦是不会得逞的。"周恩来的郑重表态，进一步坚定了陈嘉庚"中国的希望在延安""最后胜利必属我"的信念。此后，陈嘉庚评价周恩来道："周先生何等儒雅，何等英明"，是难得的"国家栋梁"！周恩来评价陈嘉庚是"很爱国的，很公正的"，有"可贵的民族气节"。

20世纪初，陈嘉庚先生曾在新加坡创办《南洋商报》作为南洋爱国华侨的喉舌。1940年该报主事人急需在国内物色一位有权威、有影响、有能力的新闻报业人士出任总编。周恩来得知后当即推荐了著名文化人士胡愈之，借以表示对陈嘉庚先生的最大支持。

胡愈之不负周恩来的重托和陈嘉庚的厚望。他到任后成为了陈嘉庚的得力助手，促使《南洋商报》销量直线上升，成为南洋最大中文报纸。

1946年11月，国内人民解放战争正在全面展开，陈嘉庚根据国内外形势发展需要，又在新加坡创办《南侨日报》。陈嘉庚任董事会主席，胡愈之任社长兼总编。报纸出版后，胡愈之忙不开。国内著名文化人士夏衍奉周恩来之命前往支援，协助胡愈之编报并任报纸主笔。在陈嘉庚的直接领导、周恩来的大力支持下，《南侨日报》团结广大华侨高举爱国反蒋大旗，独树一帜，在争取和平民主、反对内战专制的斗争中成为海外华侨社会的冲锋号角。

1949年初，中国人民革命胜利大局已定，新政协正紧锣密鼓地进行筹备。毛泽东电邀陈嘉庚回国共商国是。

在新政协筹备过程中，周恩来以及一大批陈先生的在京好友，都先后特地看望陈嘉庚先生并恳请陈先生参加新政协。周恩来说："嘉庚先生，华侨首席代表您不当，能请谁来当呢？您德高望重，这又是建国大事。"周恩来还说："自辛亥革命以来，华侨对祖国革命做出过不可磨灭的贡献。现在人民革命即将成功，新的共和国即将成立，嘉庚先生作为海外华侨的杰出代表，应该和大家一起来共商建国大计。"

精诚所至，金石为开。陈嘉庚为周恩来和好友们的真诚态度和通情达理的言辞所感动，他终于同意参加新政协，就任华侨界首席代表，这在海内外产生了良好的影响。

新中国成立后，陈嘉庚回国定居。陈嘉庚一生忙于救国大业，晚年回国定居后，仍不遗余力地参加国家建设，贡献良多。周总理对回国后的陈嘉庚仍然十分关怀照顾。

1961年，周恩来、朱德为陈嘉庚的灵柩执绋送殡

1961年8月12日，时任全国政协副主席的陈嘉庚在北京病逝。为了表达对他的崇高敬意，周总理亲自担任陈嘉庚治丧委员会主任委员，并和朱德委员长一起为陈先生执绋起灵。陈嘉庚灵墓由他生前亲自设计，在他的墓碑的底座上，刻有一幅题为“延安各界欢迎会”的浮雕，刻记的是陈嘉庚先生的延安之行。

（杨金毅）

周恩来鄧穎超紀念館

第二部分

为国为民　鞠躬尽瘁

清风高谊半世纪　精诚合作为苍生

——周恩来与宋庆龄

宋庆龄是20世纪一位伟大的女性。她继承孙中山的遗志，与中国共产党风雨同舟，为新中国的成立呕心沥血，更是被周恩来总理称为“国之瑰宝”。在她的一生中，结识过许多志同道合的革命家和朋友，但她与周恩来之间的情谊却是最为特殊且难以忘怀的。从艰难的革命战争年代到新中国的建设时期，她和周恩来都把彼此当作可信赖的同志和知心的挚友，留下了许多感人至深的故事。

周恩来和宋庆龄在一起

周恩来与宋庆龄的友谊始于20世纪的20年代。当时，周恩来担任黄埔军校的政治部主任，孙中山、宋庆龄与周恩来多有接触，他们对这位年轻能干的政治部主任极为赞赏。半个世纪后，宋庆龄回忆道："在20年代中期，我在广州第一次见到了周恩来，他当时很年轻，但已经俨然是一位革命立场坚定、旗帜鲜明、多才多艺、久经锻炼的领导人了。"

1927年8月1日，以周恩来为首的中国共产党人在南昌发动起义，打响了武装反抗国民党反动派的第一枪。当天，周恩来出席了在南昌召开的有共产党人和国民党左派人士参加的联席会议。宋庆龄当时虽在上海，但她"公开宣传支持南昌起义"。因而在南昌的会议上仍然推选宋庆龄、何香凝及周恩来等25人组成中国国民党革命委员会。当天，她以国民党左派的名义，与毛泽东、董必武等共产党人，联合发表了《中央委员宣言》，痛斥蒋介石、汪精卫背叛孙中山先生三大政策的可耻行为。宣言在当天南昌出版的《民国日报》上发表前，由周恩来亲自改定。周恩来与宋庆龄这种精诚的合作，从此持续了半个世纪。

1942年，由宋庆龄积极筹建的保卫中国同盟从香港迁至重庆，但是由于蒋介石对宋庆龄的限制、软禁，"保盟"的工作举步维艰。同年5月，为支持、协助宋庆龄恢复保卫中国同盟的工作，周恩来致电避居澳门的廖梦醒，偕女儿前来重庆。廖梦醒到达重庆后，在担任周恩来与宋庆龄之间联络员的同时，也协助宋庆龄开展"保盟"的工作。"保盟"的工作恢复后，宋庆龄等人积极并迅速地在重庆等地募集抗日捐款，并通过周恩来领导下的八路军驻渝办事处转交给解放区的军民。在抗日战争期间，为反对反动势力和拯救中华民族，中国共产党及其杰出代表周恩来和不畏强权、坚持真理的宋庆龄，进行了密切而默契的合作。

1949年，全国解放在即，新的政治协商会议正在筹备中。6月19日，毛泽东代表中共中央亲自致信，盼望宋庆龄北上"以便就近

请教”。两天后，周恩来也亲笔给宋庆龄写了一封充满感情的信，并与毛泽东商定，派邓颖超专程去上海迎请宋庆龄北上，共商建国大计。宋庆龄读着饱含殷殷情意的两封信，想到胜利的中国人民对未来的希冀，毅然决定北上，同中共中央会合。9月21日，周恩来和宋庆龄等人一同出席中国人民政治协商会议第一届全体会议。主席台上面并排悬挂着孙中山和毛泽东的巨幅照片，令宋庆龄感慨万千、亲切非常。大会选举宋庆龄为中央人民政府副主席，周恩来为政府委员会委员。此后，周恩来和宋庆龄这两位伟人，带着对未来的美好憧憬，对人民胜利的坚定信念，共同投入到建设繁荣昌盛的中华民族的事业之中，并缔结了更加深厚的友情。

新中国成立后，中共中央尤其是周恩来更加注意在重大问题上征询宋庆龄的意见；重要会议须请宋庆龄参加；国内、国际的重大问题，经常向她通报；对宋庆龄分管的工作及其创办的中国福利会（前身即保卫中国同盟），更是给予了很大的支持。1958年，中国福利会走过了二十个年头。周恩来亲笔题词，祝中国福利会“发扬中国人民的自力更生、艰苦奋斗的优良传统，为增进中国妇女儿童的身体健康和精神健康，为培养新的劳动一代，做出更大的贡献”。宋庆龄后来回忆说：“从此，我们一直按照这个精神进行工作。”

1966年，“文革”风暴席卷了整个北京城。就在这千钧一发之际，周总理于8月30日亲拟了一份“应予保护的干部名单”，其中列在名单第一位的保护对象就是宋庆龄。然而，由于“文革”的折磨，周总理最终也积劳成疾，罹患癌症。宋庆龄得知后，极为痛心和关切。有一次，她听说鸽子蛋有较高的营养价值，便把自己养的鸽子下的蛋一个一个积攒起来，派人送给周恩来加强营养；还有一次，工作人员在她住处的南湖池塘中打捞上来一条少见的二十三斤半重的胖头鱼，她立即想到了周总理，特别派人将鱼给病重的总理送去。她只想表示自己的一点心意，也使自己的担忧之情得到一丝安慰。

1976年1月8日，周总理与世长辞。宋庆龄得知噩耗后，抱病参加了周恩来的追悼会。一年后，她在总理逝世一周年之际，发表了《怀念周恩来总理》一文，她在文中写道："从二十年代学生时代起，迄至1976年1月8日他的心脏停止跳动时为止，周恩来毕生鞠躬尽瘁为人民。他的遗愿是把自己的骨灰撒在祖国的江河里和土地上。在人民耕耘的大地上，在人民呼吸的空气中，他将永远和人民在一起。"这年，宋庆龄还指示中国福利会少年宫举行纪念周恩来的活动，努力继承和发扬"周总理留下的革命传统"。

宋庆龄和周恩来两位伟人，同心协力为共同的目标奉献了毕生的精力，也用他们的精诚合作谱写出半个世纪的清风高谊。他们的希望最终得以实现，他们的情谊也永远地被载入史册。

（叶　平）

知交情意深　中柬佳话传

——周恩来与西哈努克

2012年10月15日，一位见证了中柬两国友好历史变迁、为两国友谊做出卓越贡献的老人——西哈努克在北京逝世了。回首老人的一生，这位把中国看作“第二祖国”的异国国王，与这片华夏土地有着不解之缘，他与周恩来总理的伟大友谊更为世人所称道。

周恩来与西哈努克的相识，还要从1955年的万隆会议说起。在会上，由于周恩来以非凡的外交艺术和才能，适时提出了“求同存异”的方针将会议从崩溃的边缘拉了回来。这给来自佛教王国的西哈努克亲王留下了深刻的印象，他第一次领略了周恩来的足智多谋和出奇制胜的外交风采。西哈努克曾回忆说，他觉得在亚非会议上，有四位超级巨星（苏加诺、尼赫鲁、纳赛尔、周恩来），而来自中国的周恩来比其他三位都要更杰出，因为是他的讲话把大家团结起来的。

会议期间，周恩来是第一位主动与西哈努克国王接触的人，仅仅几天时间里，他们的交往就已经相当密切。一天，周恩来宴请西哈努克。席间，总理热情地为西哈努克夹菜，并对他说这是从北京带来的厨师专门为他做的，请他多吃一点。西哈努克眼睛一亮，感激之情油然而生。这不仅仅是一桌精心烹饪的菜肴，更重要的是它反映了周恩来对自己的态度，对自己和国家的重视与诚意。而总理话语间显示出他以平等尊重的态度对待柬埔寨的对外政策。此次宴会使西哈努克对周恩来和中国有了更深刻的了解，两人关系越来越密切。

万隆会议后，由于柬埔寨执行不偏不倚的“中立政策”，两国之

1960年5月，周恩来访问柬埔寨时和诺罗敦·西哈努克等合影

间并没有立刻建立正式外交关系，但中柬两国的友好关系却继续向前发展，周恩来与西哈努克进行了互访。1958年，南越在美国的支持下入侵柬埔寨，中国政府进行了严正谴责，并给予柬埔寨大力支持和无私援助。同年7月，西哈努克亲王致函周总理提出两国间正式建立大使级外交关系。从此，中柬两国建交，西哈努克与周总理也结为了忠诚可靠的朋友。

1960年，周总理准备率领中国代表团出访柬埔寨，此时恰逢柬埔寨的国王苏拉马里特逝世，柬埔寨处于国丧期。得知这一消息后，周总理当即向柬埔寨发出唁电表示哀悼，并决定要如期出访柬埔寨参加吊唁，并希望柬方在接待方面从简。5月5日上午，周总理率领中国代表团到达了柬埔寨的金边。西哈努克亲自到机场去迎接。当他看到中国代表团的全体成员都穿着白色西装走下飞机的时候，他大为惊讶同时也非常感动。周总理的善解人意以及一行人的真诚哀悼之情都深深地打动了西哈努克和柬埔寨人民，两人之间

和两国之间的友谊更加深厚了。

1970年，柬埔寨发生政变，西哈努克被朗诺集团废黜，落难的国王带着家人来到中国。当他走下飞机看到中国对他还是那么热情、亲切、友好，仍然把他当作元首时，他打消了来此之前的顾虑。在周总理的安排下，周恩来等中国政府重要领导人以及驻华使节到机场去迎接。周恩来为他安排了住处，并表示中国只承认西哈努克为柬埔寨唯一合法的最高领导人。中国将全力支持西哈努克，并向他提供一切必要的支援（除了军队）。为了不让西哈努克感到寂寞，周总理亲自安排，甚至亲自陪他到中国的主要城市访问。周恩来还经常去看望他，邀请西哈努克全家到西花厅做客。当西哈努克思想上出现消沉或是波动时，总理总是耐心地劝他、安慰他。总理和他谈心、通报、讨论柬埔寨国内局势等，这些都使这位国王有了斗志，有了信心，他对周恩来有着难以诉说的感激之情。他曾这样评价总理对他的态度："周总理比西方某些国家领导人更平等、谦和地待我，明显是个例外。"

1976年1月8日，周总理逝世。得知消息后，西哈努克悲痛欲绝，他向波尔布特和他的同事们提出去北京向周总理表达他最后的敬意，但因波尔布特对他的请求不予理会而未果。1979年1月，西哈努克和他的夫人莫尼克公主再次来到中国，他们为没能参加总理的追悼会而感到遗憾。他们来到总理的遗像前，深深地鞠了一躬，并满怀深情地说："老朋友，请接受我这迟来的一拜。我们将永远地怀念你。"从那以后，莫尼克公主每天都在总理的遗像前上香献花，以寄托他们对总理永远的怀念和哀思。如今，斯人已去，但他们留下的不仅是一段佳话，更留下了中柬两国和平相处的历史，也激励着两国人民今后更加友好地相处。

（安利伟）

温雅周公感动少年班禅
忘年之交共促民族团结

——周恩来与班禅

班禅额尔德尼·确吉坚赞(十世班禅)是我国藏族宗教领袖和西藏地区政治领袖之一。1951年4月27日,对他来说是个终生难忘的日子。这一天,他第一次到北京,第一次见到了特地来火车站迎接他的周总理。从此,十世班禅与周总理相识并结为忘年之交,成为中国共产党人与民族、宗教界人士友好交往的典范。

当年的十世班禅年仅13岁,他到达北京的当天晚上,周恩来总理设宴款待他。一脸稚气,有些拘谨和紧张的他,由于从小就受到良好的教育,懂得礼仪,因此能应对各种场面。他首先向总理献上了一条洁白的哈达,表示自己的崇敬之心。总理同班禅进行了长时间的亲切交谈。谈话内容也十分广泛,从中国革命的胜利到西藏的前途,从即将开始的和谈到班禅在京期间的活动,从藏、汉两个兄弟民族的团结到达赖、班禅两位活佛的关系,周总理都想到了,谈到了,连最细小的生活琐事也没有忽略。这使班禅和在座的其他藏族同胞深受感动。不知不觉中,宾主之间变得十分和谐融洽,班禅最初的那种紧张和拘谨的情绪消失了。周恩来总理那发自内心、真诚、慈祥、具有特殊感染力的微笑,给他留下了深刻的印象。他意识到,坐在自己身边的这位巨人,不但是共和国卓越的领导人,而且还是自己最值得信赖的导师和长辈。同样,班禅也给周总理留下了很深的印象,总理评价班禅:"少年活佛,英俊潇洒。"他们之间从此建立起了深厚的个人友谊。

1954年9月,班禅当选为第一届全国人大常务委员。同年,又

1951年4月27日，周恩来与班禅在宴会前交谈

在第二届政协一次会议上当选为全国政协副主席。班禅当年只有16岁，成为我国最年轻的国家领导人。在政协，班禅与周恩来之间又加上了一层“同事关系”，他得到了周总理更多的关怀。次年2月9日，为了进一步建设和发展西藏，并解决历史上遗留下来的达赖和班禅之间关系的悬案，周恩来主持召开国务院第七次全体会议，讨论通过了《国务院关于成立西藏自治区筹备委员会的决定》和《国务院关于西藏地方政府和班禅堪布会议厅委员会之间关于历史悬案问题的谈判达成的协议的批复》。同月，达赖、班禅等人离京返藏，周恩来举行宴会，为他们送行。

1961年底，班禅开始草拟书面报告，打算写一个书面意见，全面、系统地向中央报告自己的想法，把西藏建设成为一个民主和社会主义的新西藏。书面报告翻译成汉文后，有七万多字。后来人们简称为“七万言书”。周恩来把“七万言书”中提出的8个问题归纳成6个问题，并谈了自己的看法，最后指出：“国家有前途，藏族有前途，个人也有前途。关键在于领导，在于政策，在于团结。”

1964年9月至11月，班禅在西藏自治区筹委会第七次扩大会议期间，受到了严厉的批判。在班禅受到不公正待遇以后，周恩来给予其悉心关照。他担心班禅在西藏发生意外，特指示有关部门，让班禅离开拉萨到北京，居住在已故的沈钧儒副委员长的寓所里，过了一段平静的日子。但是，随着“文革”的爆发，周恩来保护干部的工作越来越艰难。1966年8月下旬的一天晚上，一批红卫兵不顾总理的指示，强行冲进班禅住所，把班禅带走，并召开了声势浩大的批斗会。周恩来得知后，立即派人制止批斗班禅的行为。他向各派红卫兵组织做了很多说服工作后，把班禅转移到北京卫戍区保护起来。班禅被深深感动了，但他平时只能感受到周总理的关怀、温暖，却难以见到自己尊敬的周总理。两个多月后，局势稍稍好转，周恩来指示卫戍区把班禅送回寓所。在1968年夏天之前，班禅又过了一段平静的日子。不久，班禅被再次“隔离监护”。这次他完全与外界隔离开来，直到1977年10月才获释。而这时他所尊敬的周恩来总理已长眠于九泉之下。

班禅出狱后，每逢周恩来总理的忌日，他总要早早地起床做好祈祷的准备，然后在上午10点钟左右到天安门广场的人民英雄纪念碑前，恭恭敬敬地为周总理献上精致的花圈和洁白的哈达，寄托自己深深的哀思与怀念，并为周总理祈祷。1988年4月4日，班禅在全国人大七届一次会议新闻发言人举行的中外记者招待会上回顾自己的历史时，向全世界袒露了他对周恩来的深情：“我在监狱里没有死掉，主要是周恩来先生的恩情。”

1989年1月7日，班禅到中国藏语系高级佛教学院检查、布置工作。有人问他第二天的安排。班禅深情地说：“明天是周总理逝世纪念日，念完晨经，我还要祈祷，早上不能安排别的活动。”1月9日清晨，班禅离京赴藏。1月28日，由于操劳过度，十世班禅大师突发心脏病，经抢救无效，与世长辞。如今，周恩来与十世班禅虽都离开了我们，但他们的故事却被世间永久地传颂，成为中国共产党人与民族、宗教人士伟大友谊的光辉典范。

（马　艳）

笑赞大庆精神　践行富油强国

——周恩来关心大庆工人

大庆油田是20世纪60年代我国开发的最大油田，是我国石油工业的一颗璀璨明珠，它的开发与建设，无不浸透着周恩来总理的心血。开发大庆油田会战前夕的1959年12月22日，周恩来曾亲临哈尔滨参加东北地区协作会议，研究部署大庆油田的开发工作，为大庆油田的开发建设指明了方向。

1962年6月，周总理偕时任全国妇联副主席的邓颖超、总理办公室主任童小鹏等乘专列到黑龙江，先到哈尔滨、齐齐哈尔视察工作。6月20日晚，石油部部长余秋里、副部长康世恩在列车上向周总理汇报了大庆的会战情况，汇报持续到6月21日凌晨一点半。在

周恩来（二排左四）与钻井工人们合影

场的童小鹏提出："太晚了，总理年纪大了，该休息了。"周总理笑笑说："年纪大了，更应该多做工作啊！"

6月21日上午10点半，当总理乘坐的专列缓缓驶进萨尔图车站后，周总理矫健地走下列车，与在站台上迎接的会战指挥部领导同志和干部群众紧紧握手，并深情地说："同志们辛苦了，你们工作做得很好！"而当总理看到会战领导穿着布衣和草鞋时，他满意地点了点头。会战指挥部的领导请总理先休息，周总理说："时间不多，要抓紧在大庆多看几眼。"

在短暂的时间内，周总理对大庆多个工地进行了视察。在1202钻井队，他健步登上钻台和工人们一一握手问候。当班工人见自己手上满是油污和泥浆，在握手前不好意思地在衣服上猛擦，周总理主动上前，紧紧握住钻工的手。他亲切地和围在身边的同志拉家常："多大年纪了？""当了几年钻井工人？""冬天野外钻井冷不冷，穿的工服暖不暖，爱人接来没有……"他一面细心询问，一面耐心倾听大家的回答，不时深情地点头，发出爽朗的笑声。一股股暖流涌入工人们的心田，他们感到格外温暖。这时总理看到一位柴油机司机因坚守岗位不能站到近前，他马上从司钻操作处很窄的地方挤过去，一把握住司机那满是油污和老茧的手，那位司机激动得久久不肯松开总理的手。临走时，总理听说钻井工人想和他合影留念，便满足工人们的要求。他亲自给大家排好队，记者正在拍照时，他又突然让记者等一等。原来在井场附近锄地的家属们跑过来了。总理亲切地向他们招手，让他们过来一起照相。大家排好队后，高高兴兴地留下了难忘的镜头。

接着总理来到大庆首先创立岗位责任制的试点单位北二注水站。总理详细地看了贴在墙上的各项岗位责任制度，边看边点头说："好，你们这样做很好。"总理发现泵站流程图没有填写绘图时间，就嘱咐："要把时间标上。"邓大姐也补充说："记上日期，别人看着明显。"总理还对化验员意味深长地说："你们的工作很重要啊！"

从泵房出来，陪同人员示意总理时间不早了。总理说："来一次不容易，多看看心里高兴啊！"周总理又来到附近的职工宿舍、食堂。从食堂出来，总理一回身发现200米外有一位家属从地窝子里出来倒垃圾，就转身朝那地窝子走过去。陪同人员劝总理不要下去了，总理却一个劲地向前走。家属杨德群又激动又担心，她对总理说，里面又黑又暗，首长就别进去了。总理说："你们能住，我就能进。"周总理弯腰走进地窝子，在里面，他深情地端详着躺在炕上刚刚满月的孩子说："同志们现在生活得确实很艰苦，但将来一定会好起来的！"

总理来到大庆视察的消息不胫而走，迅速在油田上传开。但国事繁忙的总理，当晚就要离开大庆了。人们不约而同地聚集在萨尔图车站，秩序井然地为总理送行。在余秋里同志的陪同下，总理上了火车后，又再次下来，频频向群众挥手告别。

这次视察，周总理充分肯定了大庆艰苦奋斗、自力更生的创业精神，肯定了大庆按科学态度办事的做法，形成了大庆矿区"工农结合、城乡结合、有利生产、方便生活"的建设方针。大庆人永远牢记周总理的嘱托，继续发扬艰苦奋斗、革新创造的精神，使我国石油工业的这颗明珠更加璀璨，焕发出青春和活力。

（王丽娇）

思国之忧　忧民之患

——周恩来与粮食报表

古人云："民以食为天。"粮食是立国之本，而粮食问题对于任何一个国家来说都是必须重视的问题。我国自古就人口众多，因此，解决好吃饭问题对我国来说更是至关重要。

自20世纪50年代末至20世纪60年代初，中国国民经济出现了严重困难。其中最突出的困难是粮食问题。而这与1958年开始的"大跃进"有直接的关系。1959年初春，全国15个省发生春荒，到1960年，灾情更加严重。面对这种严峻的形势，总理国务的周恩来忧心如焚，寝食不安。

这期间，总理的办公桌上一直放着一个算盘。他经常一遍又一遍地拨打算盘，计算哪个省有多少粮食，哪个省可以调出多少或调入多少。

周恩来的保健护士郑淑芸觉得总理太辛苦了，就说："总理，这些具体的技术性工作，能不能叫别人帮你做一下呢？"总理却说："全国人民吃饭是个大问题，这可不是什么技术性工作，我要是不自己算，怎么能知道底细呢？所以我要算得清清楚楚。"

在那段特别艰苦的日子里，根据他的工作台历记载，从1960年6月到1962年9月，在这两年零四个月里，周恩来关于粮食问题的谈话有115次，其中1960年下半年19次，1961年51次，1962年45次。每次谈话一般都从晚上九十点钟谈到第二天凌晨三四

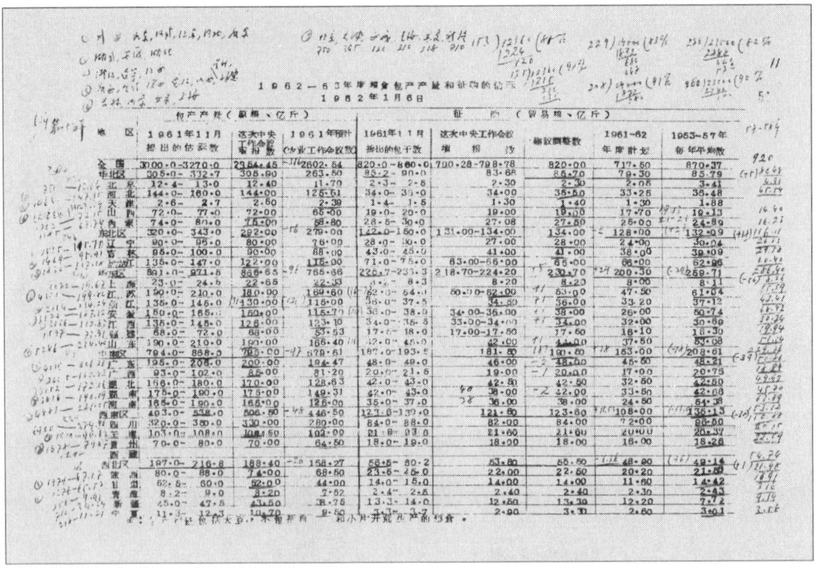

1962—63年度粮食包产产量和征购的估算

1962年1月6日

地区	包产产量（原粮、亿斤）1961年11月报出的估产数	这次中央工作会议审报数	1961年预计（农业工作会议数）	征购（贸易粮、亿斤）1961年11月报出的包干数	这次中央工作会议增报数	建议调整数	1961-62年度计划	1953-57年每年平均数
全国	3000.0-3270.0	2354.45	2602.54	820.0-860.0	790.28-798.78	820.00	717.50	870.37
华北区	305.0-332.7	308.90	263.50	85.2-90.0	83.68	85.70	79.30	85.79
北京	12.4-13.0	12.40	11.70	2.3-2.5	2.30	2.30	2.08	3.41
河北	144.0-160.0	144.00	125.51	34.0-36.0	34.00	35.50	33.25	35.48
天津	2.6-2.7	2.50	2.39	1.4-1.5	1.30	1.40	1.30	1.88
山西	72.0-77.0	72.00	65.00	19.0-20.0	19.00	19.00	17.70	19.13
内蒙	74.0-80.0	75.00	58.80	28.5-30.0	27.08	27.50	25.00	24.89
东北区	320.0-343.0	292.00	279.00	142.0-150.0	131.00-134.00	134.00	128.00	132.09
辽宁	90.0-95.0	80.00	76.00	28.0-30.0	27.00	28.00	24.00	30.04
吉林	95.0-100.0	90.00	88.00	43.0-45.0	41.00	41.00	38.00	39.09
黑龙江	135.0-147.0	122.00	115.00	71.0-75.0	63.00-66.00	65.00	66.00	62.96
华东区	891.0-971.5	858.65	765.66	226.7-233.3	218.70-224.20	230.70	200.30	259.71
上海	23.0-24.5	22.65	22.33	[illegible]-8.3	8.20	8.20	8.00	8.11
江苏	190.0-210.0	180.00	169.60	62.0-64.0	60.00-62.00	63.00	47.50	61.04
浙江	135.0-145.0	130.00	115.00	36.0-37.5	34.50	36.00	33.20	37.12
安徽	150.0-165.0	150.00	115.70	36.0-38.0	34.00-36.00	38.00	26.00	50.74
江西	135.0-145.0	126.00	123.10	34.0-35.5	33.00-34.00	34.00	32.00	30.69
福建	68.0-72.0	68.00	53.53	17.5-18.0	17.00-17.50	17.50	16.10	18.30
山东	190.0-210.0	190.00	166.40	42.0-45.0	42.00	44.00	37.50	53.08
中南区	794.0-868.0	795.00	679.61	187.0-193.5	181.60	190.60	163.00	208.61
广东	195.0-205.0	200.00	194.47	48.0-49.0	46.00	48.00	45.50	48.21
广西	93.0-102.0	85.00	81.20	20.0-21.5	19.00	20.00	17.00	20.75
湖北	156.0-180.0	170.00	128.63	42.0-43.0	42.50	42.50	32.50	42.50
湖南	175.0-190.0	175.00	149.31	42.0-43.0	38.00	42.00	33.50	42.68
河南	165.0-190.0	165.00	126.00	35.0-37.0	36.00	38.00	24.50	54.38
西南区	493.0-538.0	506.50	446.50	123.6-130.0	121.60	123.60	108.00	136.13
四川	320.0-350.0	330.00	280.00	84.0-88.0	82.00	84.00	72.00	86.50
云南	103.0-108.0	106.50	102.00	21.8-[illegible]	21.60	21.00	20.00	20.37
贵州	70.0-80.0	70.00	64.50	18.0-19.0	18.00	18.00	16.00	18.26
西藏								
西北区	197.0-216.8	188.40	158.27	56.5-60.2	53.80	55.50	48.90	49.14
陕西	80.0-88.0	74.00	68.50	23.5-25.0	22.00	22.50	20.20	21.59
甘肃	62.5-60.0	52.00	44.00	14.0-15.0	14.00	14.00	11.60	14.42
青海	8.2-9.0	8.20	7.52	2.4-2.5	2.40	2.40	2.30	2.43
新疆	45.0-47.5	43.50	38.75	13.3-14.0	12.50	13.30	12.20	7.72
宁夏	11.3-12.3	10.70	9.60	3.3-3.7	2.90	3.30	2.60	3.01

注：……包括大豆，不包括……和小片开荒生产的粮食。

《1962—63年度粮食包产产量和征购的估算》表

点钟。他及时审阅粮食报表，精心计算粮食安排，多次出京调查粮食情况，解决粮食调拨问题。从周恩来办公室退给粮食部办公厅、现仍保存的32张报表中，周恩来的笔迹有994处之多。其中，在一张《1962—63年度粮食包产产量和征购的估算》报表中，周恩来用红蓝铅笔做的标记多达145处，调整和修改数字40处，在表格旁计算6处，批注数字70处，批注文字7处。邓大姐曾因此风趣地说过："我们的总理呀，一钻到粮食里就出不来了。"

到了1961年，由中央安排调拨的粮食除了增加进口粮外，又增加了一些列入中央开支的专项用粮，头绪繁多，原来的粮食报表已不适用。为了能够令人一目了然地反映出省间调拨和中央粮食收支情况，周恩来亲自设计了一张《中央粮食调拨计划表》。这张表由于长，被称为"哈达表"；又由于清晰、明了，后来一直使用它安排中央粮食收支调拨计划，检查执行情况。

如今，这些表格已作为珍贵的文物，由有关部门妥善保存。它生动地记录了总理在困难时期，为解决全国人民的吃饭问题所付出的心血。当我们再次看到这些数字，再次回顾那段艰苦的日子，不仅看到了周恩来认真负责的工作精神，也领略到他当时解决最困难的粮食问题时的杰出才能和智慧，更是深切感受到了周恩来以民为本，执政为民，对人民高度负责的崇高精神。我们的周总理，心里时刻装着人民，想着人民，把人民的利益看得高于一切，他和群众同甘苦、共命运。

是啊，“民以食为天”，我们的周总理就是这样为人民撑起了这片天。

（贾　琳）

扭转乾坤　拨云见日

——周恩来在万隆会议中

周恩来是新中国外交的创始人和奠基者。早在新中国诞生前夕和初期，他就与毛泽东一起致力于我国外交基本方针和政策的制定。特别是在1955年的亚非会议上，周恩来以他出众的才华和人格魅力赢得了各国友人的赞誉。

1955年4月18日，在冲破了以美国为首的西方殖民主义国家的重重阻挠后，代表了世界人口将近三分之二的29个亚非国家代表在印度尼西亚万隆市召开了第一次亚非会议，也称为万隆会议。这是亚非国家第一次在没有殖民国家的参与下，讨论关于亚非各国人民切身利益的大规模国际会议。

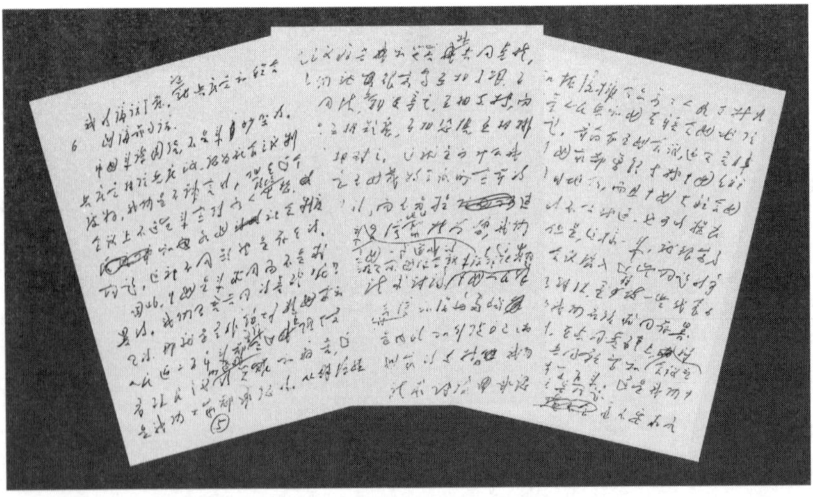

周恩来利用短暂的会议休息时间赶写的补充发言稿（部分）

中国派出由周恩来总理率领的代表团出席这次会议。在当天下午和第二天上午的会议上，气氛并不友好。有的国家对新中国深怀疑虑，甚至抱有对立情绪。有的国家代表提出了"认真对待共产主义危险的严重性"的问题，使会场气氛陡然紧张起来。面对这种情况，周恩来决定把原来准备的一个系统阐明亚非形势和任务以及我国和平外交政策的主要发言以书面文件的形式散发，并利用中午休会的短暂时间亲自起草了一份补充发言稿。周恩来的发言被安排在第二天下午全体会议接近结束之前。当时会场上座无虚席，4点45分，在镁光灯的频频闪亮与镜头的"咔嚓"声中，身穿灰色中山装的周恩来从容地走上讲台。他首先向与会各国表明："中国代表团是来求团结而不是来吵架的。""中国代表团是来求同而不是来立异的。"接着他说："我们并不要求各人放弃自己的见解，因为这是实际存在的反映，但是不应该使它妨碍我们在主要问题上达成共同的协议。"然后，他针对两天来会议在三个问题上对中国的责难，即不同的思想意识和社会制度问题，有无宗教信仰自由问题以及所谓颠覆活动的问题，一一说明了中国政府的原则立场。最后，周恩来用洪亮的声音讲道："十六万万亚非人民期待着我们的会议成功。全世界愿意和平的国家和人民期待着我们的会议能为扩大和平区域和建立集体和平有所贡献。让我们亚非国家团结起来，为亚非会议的成功努力吧！"

话音刚落，会场立刻爆发了雷鸣般的掌声与欢呼声，整个会议大厦为之沸腾了。大会主席最先迎上来与周恩来握手，说："你的演讲太精彩了，太动人了！"周总理的这篇发言明快、有力，只用了18分钟，却成为两天公开会议的高潮。与会代表高度评价周恩来的发言，指出这个发言是使会议走向成功的一个转折点。周恩来的高超之处在于，在整场发言中搁置争议，一再强调亚非各国的共同点和各国人民共同关心的问题。周总理的补充发言一下子扭转了会议的气氛，一场好似就要来临的大辩论被巧妙地化解了，两天以来笼罩在亚非会议上的乌云被驱散了。

1955年4月，周恩来在亚非会议上发言

在亚非会议期间，周总理日理万机，从4月17日抵达万隆到24日会议闭幕的7天时间里，他只睡了十多个小时。除了开会之外，他利用一切时间广交朋友。不管是大国的还是小国的，不管是已建交的还是尚未建交的，不管是友好的还是不友好的，周恩来都想方设法地与之认识与接触，切磋探讨相互关心的重大问题，坦率真诚地交流，化解对立情绪，消除隔阂与疑虑，增进相互的信任和了解。经过频频的会外接触和交往，周恩来结交了几乎所有代表团的团长，甚至包括几个有反共对立情绪的团长，也都与周恩来交上了朋友。

周恩来在亚非会议上阐明的“求同存异”方针，为会议的成功指明了方向，增进了中国与不同意识形态、不同社会制度国家之间的相互了解，为进一步开展中国和亚非各国间的友好合作创造了条件。周恩来在亚非会议上的一言一行、一举一动，再一次显示了他把“外交变为艺术”的高超本领，为新中国在全世界树立了一个崭新的形象。

（马　艳）

忠诚卫士　专机不专

——周恩来第一架专机背后的故事

在周恩来邓颖超纪念馆中停放着一架小型苏式飞机，这就是周总理的第一架专机——伊尔—14型678号飞机。乘着这架飞机，周总理飞遍了祖国的大江南北，把党中央的关怀和希冀送到人民的心中；乘着这架飞机，周总理多次出访周边邻国，开辟了新中国外交发展史上的新篇章。

这架伊尔—14型飞机属于活塞式双螺旋桨型单翼运输机。机长22.31米，翼展31.7米，最大巡航高度5500米，机重12 300公斤，最大航程3200公里，最大起飞重量18吨，巡航的速度300公里／小时。机舱内的装饰按照总理不允许铺张的要求，简单设置

张瑞霭时隔三十余年又坐到专机驾驶舱里，不禁感慨万千

了一张办公桌，一张铺了绿色丝绒的大沙发。机身最早的编号为600，后来为确保周总理及其他领导人的安全，出于保密的考虑，将对外已经十分有名的编号600改为现在机身的编号678。

这架具有特殊意义的飞机是1957年苏联政府送给周总理的专机。但实际上，专机不专，总理指示这架飞机除用作他的专机外，还用于其他中央首长外出和接送外国政要。越南主席胡志明、总理范文同，柬埔寨亲王西哈努克，朝鲜劳动党领袖金日成等国家元首都乘坐过这架专机。我国其他领导人如朱德、陈云等也都使用过它，在没有专机任务时它还临时充当过民航的班机，因此这架伊尔—14可以说是专机不专用。

这架专机是怎样运抵周恩来邓颖超纪念馆的呢？1997年1月9日，中共中央文献研究室顾问、我馆建馆名誉馆长、原周总理办公室副主任李琦同志给当时的中共天津市委领导写了一封信，信中说原总理专机机长张瑞霭同志提议将一直停放在山西太原机场的伊尔—14总理专机运到纪念馆珍藏。这一建议令天津市委、市政府极为重视，并专门成立了接运领导小组，于1998年7月10日出发

周恩来总理专机

考察，7月13日决定拆机运津，8月14日全部运抵天津，8月15日起装机，9月7日正式装机完毕。这期间，许多人怀着对总理的深厚感情，默默奉献，不计名利。特别是民航总局派来的30位技术人员，拆装飞机不要分文报酬，冒着酷暑，在飞机表面温度45摄氏度的情况下，用近10天的时间就将飞机重新装配完毕，体现出人民群众对人民总理的无限敬仰之情。

1998年10月1日，落户于纪念馆的专机正式对外展出。张瑞霭将军和当年在专机上任乘务长的李士云大姐都应邀到周恩来邓颖超纪念馆参加活动。当张瑞霭同志再一次登上这架飞机，坐到专机的驾驶舱里时，不禁感慨万千，悠悠往事，难以忘怀。他说道："在总理身边工作是幸福的，总理平等待人、平易近人，尊重普通工作人员的劳动，这是周总理最感人的品德之一。差不多在每次起飞前、降落后，他都会与工作人员一一握手、道谢。他艰苦朴素、廉洁奉公，对下属既严格要求又关怀备至，用自己的一生完美地体现了'鞠躬尽瘁，死而后已'的伟大精神与人格魅力。"李士云大姐在谈到对周总理的印象时，深情地说："总理在飞机上总是工作，日理万机。但平时很关心我们的生活。我家在天津，丈夫在塘沽的船上工作，总理和邓大姐很关心我们夫妻团聚问题，要我们设法调到一起工作。由于在北京，我先生实在找不到对口的工作，最后我只好回天津。临走前，总理和邓大姐特意请我吃饭表示感谢，鼓励我在新岗位好好工作，又指示领导让我带着民航的制服走，作为纪念。他们想得很周到，让我至今铭记在心。"

这样一架老式飞机，一件珍贵的文物，从一个侧面记载了人民好总理为国家、为民族所付出、所奉献的一段难忘的历史。它将被永久陈列在周恩来邓颖超纪念馆，迎接无数参观者，陪伴在伟人的身旁。

（王　军）

艰难险阻只等闲　中加情谊美名传

——周恩来冒险访问加纳

1963年底至1964年初，周恩来率领中华人民共和国代表团访问正在觉醒中的非洲大陆，出访了非洲的十个国家。加纳就是这十国之一。

加纳作为二战后第一个摆脱殖民统治的西非国家，在这一地区的事务中发挥着十分重要的作用。总统恩克鲁玛是非洲民族主义的思想家、政治家、民族解放运动的杰出领导人。他1961年8月曾来华访问，期间与中国签订了友好条约。当恩克鲁玛向中国驻加纳大使黄华提出希望中国代表团将加纳作为访问西非的第一站时，周恩来很高兴地接受。然而就在访问前夕，加纳国内发生了企图暗杀总统的事件，局势一下紧张起来。但周恩来在得知这样危险的情况下，依然决定按原计划如期访问。

据报道，行刺事件发生在1964年1月2日的下午。当恩克鲁玛从办公室走出来的时候，一名哨兵突然向他开枪但没有击中，凶手情急之下仓皇逃走。恩克鲁玛马上紧紧地追赶，最终将凶手按倒在地。行刺事件传开后，首都阿克拉人心惶惶，政局十分动荡。发生如此严重的政治事件，对周恩来的访问必然会产生十分不利的影响。在这样复杂的情况下，这次访问是推迟、取消，还是如期进行，中国政府代表团的一些成员每天都在考虑这个问题。据当时随访的总理办公室主任童小鹏回忆，周恩来就此提出了自己的意见："我们不能因为人家遇到了暂时困难就取消访问，这是对人家

1964年1月，周恩来拜会恩克鲁玛

不尊重、不支持。发生这样的事情我们还是要去，才表现出我们的真诚，患难见真情嘛！按原计划访问加纳，不能取消！至于外交仪式，可以打破通常的礼宾惯例。”

周总理特地派随访的外交部副部长黄镇作为先行官前往加纳，以便更好地安排好这次访问，并带去了自己的三点建议：“一、为了两国领导人的安全，一切外交礼节可以从简，恩克鲁玛总统也可以不去机场迎接。二、不去外地参观，可多进行会谈。三、请加方指定安全保卫人员与使馆联系，具体布置安全保卫工作。”恩克鲁玛总统对此喜出望外，也非常激动。

1月11日上午，周恩来飞抵加纳共和国首都阿克拉，代表恩克鲁玛的三人委员会和加纳社会各界人士在机场热烈欢迎中国代表团的到来。之后，周恩来在三人委员会的陪同下参观阿克拉市容。所到之处，群众挥舞着中加两国的国旗，身着当地民族服装的人们载歌载舞，热烈欢迎来自中国的贵宾。

当天晚上，周恩来前去拜会恩克鲁玛总统。恩克鲁玛见到周恩来的第一句话就是：“欢迎你，欣赏你能来。”周恩来当面送上了毛泽东给恩克鲁玛的慰问函，并面带微笑地说：“首先，我要对总统阁下最近遇刺表示关心，毛泽东主席给阁下发的慰问电，今天已广播。”恩克鲁玛感动至极，感谢在困难的时候中国友人带来的那份最真诚的关心和支持。

根据周恩来的建议，访问期间的大部分时间基本用于会面。周恩来和恩克鲁玛共进行了五次会谈，都在十分友好的气氛下进行，并就双方共同关心的问题交换了意见。在1月15日同恩克鲁玛的最后一次会谈中，周恩来提出了中国政府经济技术对外援助八项原则。这八项原则为开展国际经济合作提供了新的基调与准则。

15日的晚上，周恩来举行告别宴会，恩克鲁玛和夫人以及加纳各界人士应邀出席。宴会开始前，周恩来在恩克鲁玛的住处偶然发现了一张乒乓球台，喜欢乒乓运动的总理立即提议与恩克鲁玛比赛一场，这位加纳总统也欣然接受，并由陈毅担任裁判。据史料考证，这应该算是国际乒乓球史上级别最高的一场比赛了。

宴会开始后，周恩来和恩克鲁玛都发表了讲话，并依次与在场嘉宾碰杯，会场呈现出和平友好的氛围。宴会结束后，周恩来又在下榻的地方为加纳各方面的服务人员举行招待会，他和陈毅一一向加方人员敬酒，感谢他们这几天周到的服务，工作人员甚是感动，这样的故事将被永远铭记在加纳人民的心中。

就这样，周恩来一行圆满结束了对加纳的访问。恩克鲁玛给予周恩来高度的评价：“我个人、加纳政府和人民感谢你的访问……我代表大家一致的意见认为……你的访问，是所有（外国领导人）对加纳访问中最好的一次访问。”

（王　越）

乒乓流转筑情谊　茅台醇香情意长

——周恩来与松崎君代的友谊

周恩来在其外交生涯中十分重视结交朋友，他一生中结识了许多日本友人，松崎君代就是其中一位。松崎君代，现姓栗本，是20世纪60年代日本著名的乒乓球运动员，多次夺得世界冠军，蜚声国际乒坛。自1961年4月第一次访华之后，松崎君代多次来到中国，周恩来曾先后五次接见了她，两人之间结下了深厚的友谊。

松崎君代第一次见到周恩来是在1961年的4月。当时，第26届世界乒乓球锦标赛将要在北京举行，松崎作为日本代表团的选手参加了这次比赛。在开幕式的当天晚上，周恩来出席了国家体委主任贺龙为各国运动员举行的盛大宴会。总理的风度和魅力，吸引了在场所有人的目光。平易近人的总理用一句日语“晚上好”向日本代表团大声地打招呼，这使松崎君代印象深刻。松崎当时的感受是“我对总理先于我们用日语同日本队打招呼感到吃惊”。当总理握住她的手时，这位乒乓球世界冠军感到了中国领导人的和蔼与慈祥。“而在握手时，我又对周总理那种注视对方的眼睛，上下摇动手腕颇为用力的姿态感到激动。”松崎君代曾经这样和友人谈起。

在那次世乒赛上，由于历史的原因，观众对日本选手并不是十分友好，当他们比赛时，都会为对手鼓掌助威。这样的比赛气氛使松崎的竞技状态受到了一定的影响，在她得分时，全场观众都会长吁短叹。结果在半决赛时，松崎非常意外地负于一名匈牙利选手。整场比赛下来，松崎的脸上始终挂着微笑，并且能很好地调节自己的情绪和心态，即使最终失利也是非常有礼貌地退场。这样的表现使观众强硬的态度慢慢地发生了变化。当比赛结束时，许多观众都为她鼓掌。周恩来通过电视转播观看了这场比赛，并对她的大度十分欣赏。

赛事结束后，周恩来特地为日本代表团举行了一次告别晚宴，松崎很荣幸地坐在了总理身边。当看到总理衬衣的袖口周围都磨破了时，她明白了，“总理正和普通群众凝成一体，共渡难关”（这里的“难关”是指当时中国连续三年遭受自然灾害，国内粮食供给困难。与会的日本友人知道当时中国所发生的情况）。松崎“在深受感动的同时，对周总理的一种亲近感油然而生”。

总理在席间的讲话中特别称赞了松崎君代的表现：“你虽然输了，但还是第一，不管遇到什么挫折都能顽强地拼搏到最后，即使失利了也面带微笑。这种精神值得中国运动员学习。”这次宴会结束后，总理还特意送给松崎一瓶茅台酒。就这样，周恩来与松崎成为了异国朋友。

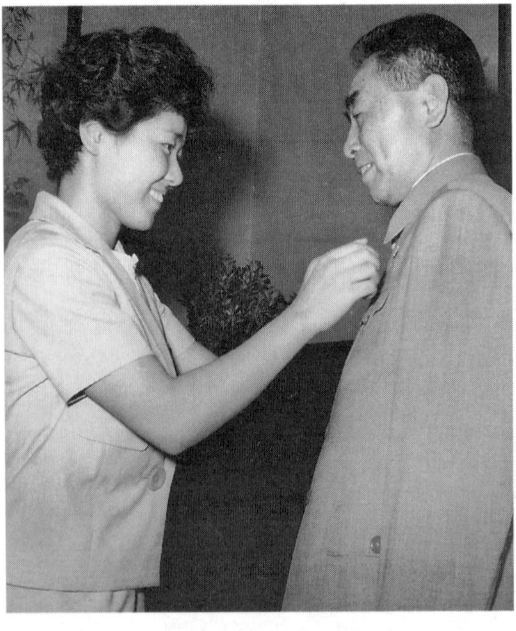

1961年，松崎君代为周恩来佩戴纪念章

1962年的夏天，在北京如约举办了第一次中日乒乓球友谊赛。松崎再次来到中国，并得到了周恩来的接见，令她十分惊讶的是，总理如此亲切地问候她：“你父母身体好吗？”当知道松崎的父亲非常喜欢喝他送的茅台酒时，总理便笑着说：“看来，那就得再送一瓶了。”

这些温暖的问候与照顾，令这位日本朋友感动不已。

1964年10月，在北京举办了国际乒乓球友谊邀请赛，松崎君代虽然已经退出了乒坛，但仍受到邀请，还非常荣幸地到中南海西花厅参加了一次家庭式的聚会，和周恩来夫妇共进午餐。入席之前，周恩来亲切地说道："松崎，听说你要结婚了，我送你一件礼品，就是缎子被面，你结婚的时候要用布料做一些东西。"说完和邓颖超共同送给她一件扎着红绸带的礼物——一块粉红色的丝织品。在吃饭的时候，总理还一再给她夹菜，并嘱咐着："今天我请大家吃我的家乡菜，请多吃一些。"由于过于激动，感激之词难以言表，一直到宴会结束松崎也未能说出什么话来。回到日本后，她一直保存着这件珍贵的礼物。1966年，松崎结婚了，她托人把结婚照送给周恩来和邓颖超作为纪念。

1972年，亚洲乒联第一次代表大会在北京召开，松崎君代作为日本乒乓球老运动员代表团的成员应邀出席，并再一次见到了周恩来。总理非常高兴地问候她道："老朋友！你好！""您好！看到总理身体很健康，我非常高兴！"松崎很兴奋地回答。"你有小孩了吗？"周恩来关心地问，松崎回答道："还没有。"此后，总理夫妇就一直很关心松崎生孩子的事情，给了她很多照顾，并嘱咐她如果有了孩子一定要早日告诉他们。2006年，松崎君代在接受采访时感动地说道："周恩来总理、邓颖超女士像父亲、母亲一样关心我。假如我真生了一个孩子，我就培养他致力于日中友好交流，起到一个桥梁作用，以报答周总理和邓颖超女士对我的关心。"

从第一次相识到周恩来病逝的15个年头里，松崎君代每次访问中国，几乎都能见到她敬爱的总理。两人之间所结下的深厚友谊，超越了年龄的界限，跨越了国别、民族的差异，成为中日友好关系史上的一段佳话！

（王　越）

亲善帅总理　征服“嬉皮士”

——周恩来与格伦·科恩

2008年8月8日晚，在北京奥运会的开幕式上，一位93岁的美国老太太坐在看台上，她既非政要，也非富商，但她与美国前总统老布什一起受到中国人民对外友好协会的邀请。她就是美国已故前乒乓球国手格伦·科恩的母亲——弗朗西斯·科恩夫人。

格伦·科恩是中美关系史上一位重要的美国民间人士。在1971年第31届世乒赛期间，他与庄则栋“偶遇”并互赠礼品，成为两国关系史上的一段佳话，中美友好往来的大门从此打开。

1971年的春天，第31届世界乒乓球锦标赛在日本名古屋举行。毛泽东主席、周恩来总理经过再三权衡，决定让中国队参加这次比赛。比赛期间，同世界体育隔绝多年的中国运动员遵照毛主席、周总理提出的“友谊第一，比赛第二”的方针，广泛开展“乒乓外交”，中国运动员的高超球艺和友好态度深深打动了各国运动员和记者。

一天下午，科恩误上了中国队班车，中国运动员庄则栋主动上前和科恩打招呼，并赠送了他一件漂亮的杭州织锦，两人交谈直到班车抵达爱知县体育馆。第二天，科恩特意回赠给庄则栋一件带有和平标志的短衬衫，并别上美国代表团的纪念章。在中美关系尚未恢复的年代，这样的举动很快成为世界的焦点。敏感的记者蜂拥而至，有记者问科恩是否愿意访华，科恩回答得干脆：“中国人非常好，我当然想去。”

周恩来与美国乒乓球代表团成员合影，最后一排左二为科恩

毛泽东、周恩来根据中美乒乓球运动员在日本的交往程度，经过反复权衡，决定先邀请美国乒乓球队访华。1971年4月10日，美国乒乓球代表团来到北京，这是新中国第一次接待正式来访的美国体育代表团，周恩来亲自安排了这次接待。

4月14日，周恩来在人民大会堂会见了美国代表团成员。他说道："你们作为前来中华人民共和国访问的第一个美国代表团，打开了两国人民友好往来的大门。尽管中国和美国目前还没有外交关系，我相信中美两国人民的友好往来，将会得到两国大多数人民的赞成与支持。"美国乒乓球领队也表示希望中国乒乓球队在"最近的将来"访问美国。谈话期间，蓄着长发的19岁的科恩站起来，提出要周恩来谈谈对"嬉皮士"的看法。他原以为周总理会说这是"西方资产阶级颓废的生活方式"之类的训词，没想到周总理微笑着回答说："看样子，你也是个'嬉皮士'。可能现在世界青年对现状有点不满，想寻求真理。青年思想波动时会表现为各种形式，但各种表现形式不一定都是成熟的或固定的。因为，寻求真理的途径总要通过各种实践来证明是对还是不对，这在青年时代是被允许的。各种思想都要通过实践检验一下。我们年轻的时候也是这样，

所以懂得青年人的心理。”科恩在周恩来那里得到了理解，这给科恩很大的鼓舞。

科恩的母亲曾回忆说：“科恩父亲因肺癌去世，15岁的科恩很难接受，就开始从‘嬉皮士’的生活方式中寻找刺激，以求安慰。他父亲在世时，科恩从来不留长发，但科恩父亲去世后他就想要留长发，我很难阻止，就随他去了。当科恩从中国回来后，说他在中国交了很多朋友，尽管他们说着不同的语言，但是可以交流，并建立了友谊。我感到很惊讶，他那时还留着长发。”为了感谢周总理尊重科恩，科恩的母亲后来还送了周恩来玫瑰花。在美国，当一个人对他人很好，表示感谢时就会送花，这是习惯，而玫瑰花是最好的选择。

美国乒乓球队访华是中美外交史上的重大事件，这是自1949年中华人民共和国成立以来，分属两大意识形态阵营的中美两国第一次正式交往。这场被毛泽东誉为“小球转动大球”的乒乓外交，标志着中美关系史上一个新时代的到来。而周恩来对外国普通百姓的亲切、友善，不仅拉近了中美两国人民间的距离，而且拉开了中美关系改善和发展的历史序幕。

（曹　阳）

我们的心声

——周恩来收到了“大字报”

1966年，新中国成立快17年了。中国的经济状况日益好转，政府的工作重点也向经济建设上转移，此时正是大力发展社会生产力、实现四个现代化的时候，然而“文化大革命”这场灾难却降临在中国的大地上，而这场灾难又持续了整整十年。

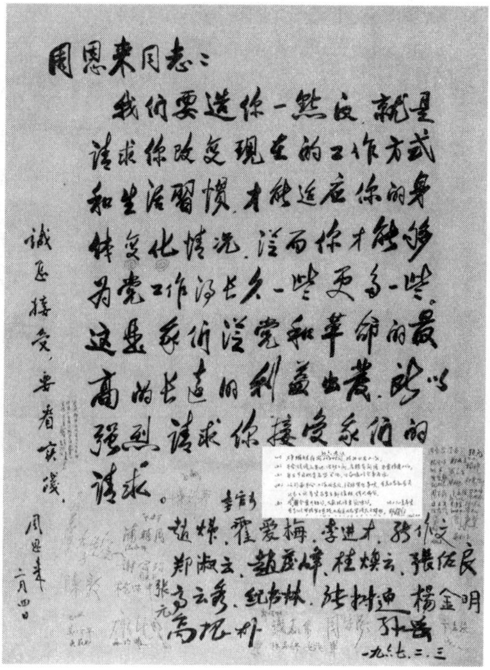
周恩来同志：
我们要送你一点礼，就是请求你改变现在的工作方式和生活习惯，才能适应你的身体变化情况，从而你才能够为党工作得长久一些，更多一些。这是我们从党和革命的最高的长远的利益出发，所以强烈请求你接受我们的请求。
赵炜、霍爱梅、李进才、张作文、郑淑云、赵茂峰、桂焕云、张佐良、高云秀、纪东林、杨金明、高振普
一九六七.二.三
诚恳接受，要看实践。
周恩来
二月四日

大字报

“文革”时期最时髦的革命形式是贴大字报，当时大街小巷贴满了各种内容的大字报，这些大字报主要是批判的武器和辩论的手段。

1967年初，周总理办公室的门上也出现了一张粉红色的大字报。总理怎么会收到大字报呢？是谁写的？又为什么会贴在办公室的门上呢？

带着这些疑问，让我们一起回到1966年的夏天。当时“文化大革命”刚刚开始，形势的发展出乎人们的意料，街头到处是红卫

兵和带着各色不同字样红袖章的“造反派”。此后，全国各地的红卫兵铺天盖地地到北京搞串联，几百万青年学生的吃、住和安全成了周总理要亲自过问的事儿。他经常通宵达旦地接见红卫兵代表，号召他们正确把握运动的形势，保证国民经济建设的稳定和发展。

好不容易接见红卫兵的活动告一段落，从各地进京的“造反派”们又闹着要中央领导人接见。总理不得不抽出大量的时间与他们交谈，苦口婆心地进行劝说。周总理的生活规律全被打乱了，他经常天亮后才拖着疲惫的身体回到西花厅，而一回来，又坐在办公桌前批阅文件。看到总理这样劳累，很多人都劝周总理注意休息，但无论是邓大姐写字条，还是秘书们当面劝说，对周总理都不奏效。

看着周总理日益憔悴，秘书们着急，邓大姐更着急。恰巧这时周总理被查出患了心脏病，一个问题变得十分紧迫，怎么能让周总理早点休息呢？

有一天，周总理回到西花厅，顾不上休息又在办公桌前继续工作。秘书们聚在了值班室里，议论如何能让周总理休息的办法。突然有人提议说：“我们也给总理写一张大字报吧！”经过商量，这个建议得到了一致赞同，大家你一言我一语地开始凑词儿。

第二天，秘书赵茂峰把写好的大字报草稿交给邓大姐看，最终的定稿为：

> 周恩来同志：我们要造你一点反，就是请求你改变现在的工作方式和生活习惯，才能适应你的身体变化情况，从而你才能够为党工作得长久一些，更多一些。这是我们从党和革命的最高的长远的利益出发，所以强烈请求你接受我们的请求。

周总理身边工作人员、医务人员纷纷签名。秘书们将大字报贴在了总理办公室的门上。大字报虽字数不多，却饱含深情。周总理回来时看到这张大字报，认真读后，他爽朗地笑了，批上了八个大字："诚恳接受，要看实践。"

大字报贴上后，邓大姐说："你们写那张大字报是关心恩来的工作和身体，贴得好，不管能起到什么作用这都是一件好事儿。可你们说得不全，虽然我是看过的，我想了想还得提几点补充意见。"于是邓大姐又加了具体的五条建议，将其写在了一张便条上，内容是："（一）力争缩短夜间工作时间，改为白天工作；（二）开会，谈话及其他活动之间，应稍有间隙，不要接连工作；（三）每日节目规定应留有余地，以备临时急事应用；（四）从外面开会、工作回来后，除非紧急事项，恩来同志和有关同志之间希望不要立即接触，得以喘息；（五）学会开会要开短些，大家说话要简练些。以上几点希望恩来同志坚持努力实践，凡有关同志坚持大力帮助。邓颖超1967.2.5。"这张便条贴在大字报的下方。

短短的几天，这张大字报吸引了很多人。叶剑英、李先念、陈毅等老一辈革命家到西花厅后，都在大字报上签名表示支持。可惜的是，虽然这张大字报代表了全国人民的心情，但对周总理的"威慑"却一点儿不大。他还是一如既往、夜以继日地工作着，那么多的事情摆在他面前，总理根本无法好好休息呀！

这个国家太需要他了，他要做的事情太多了、太重要了。对国计民生，他事无巨细地操持。晚年时，总理曾说过："'文革'要让我少活十年。"周恩来以自己少活十年的代价，支撑着共和国挺过危难，迎来新生。

（王笑琦）

殚精竭虑　力护英华

——一张“文革”时期保护老干部名单

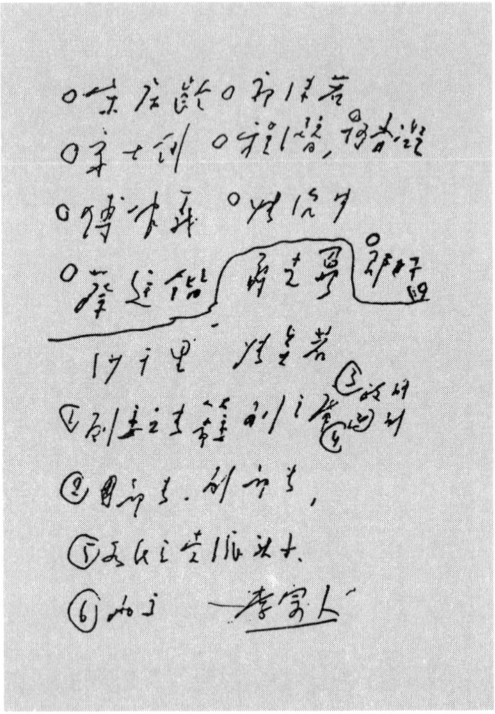

保护老干部名单

在周恩来邓颖超纪念馆珍藏着一张“文革”时期保护老干部名单。它将人们的思绪带回到中华大地上那段最为特殊的岁月，娓娓讲述了一位年近古稀的国家最高行政领导，宁可将千斤重担压在自己身上也要确保爱国民主人士人身安全的感人故事。

说起这张保护名单，首先让我们来了解一下它的历史背景。“文革”开始后，大批党和国家领导人以及党外爱国民主人士都受到了不公正待遇，一时间人人自危。1966年8月29日夜里，北京大学数十名红卫兵查抄了著名民主人士章士钊先生的寓所。查抄一直持续到次日凌晨。85岁高龄的章士钊对此既表示愤怒又深感震惊。在红卫兵走后，章士钊给毛主席写了封信，请求主席在“可能范围内稍稍转圜一下，当有解铃之望”。天亮以后，章士钊就托人把信件送到了中南海。当时，就连章士钊的女儿章含之都认为这封信大概不会有回音。然而出乎意料的是，在信件送出的当天，总理办公室就打来电话，说主席已经把章行老（即章士钊）的信件交给总理处理，并指示一定要保护行老。当天下午，总理就指派了两个便衣警卫到章士钊家负责保卫工作，当红卫兵再来抄家时予以劝阻。与此同时，他还严厉批评了相关人员，责令他们把抄走的东西全部送还给章士钊。过了两天，总理还是不放心，于是又秘密地将章士钊送到三〇一医院，以保其人身安全。其实，总理所保护的民主人士并非只有章士钊一人。早在得到主席命令保护章士钊的批示时，总理当即拟定一份应予保护的干部名单，从而扩大了受保护人士的范围。

在“文革”那样极端复杂的时期，拍案而起或许不难，但顾全大局却实属不易。其实，在“文革”时期，周恩来的处境也十分艰难。他不但要与林彪、“四人帮”两大反革命集团做斗争，还要维持党的团结、稳定军队、苦抓经济、维系外交。而面对共同战斗了几十年的战友，周恩来则是想尽一切办法予以保护。虽然名单上只有六十多个字，却饱含了周恩来对民主人士和大批领导干部的关心、爱护之情。名单上的每个人都与总理有一段感人至深的故事。

被列在第一位的宋庆龄和周恩来的革命友谊始于20世纪20年代。在“文革”十年动乱时期，这两位革命家的友谊依然坚定不移。原本在新中国成立以后，宋庆龄大部分时间居住在上海。但总理考虑到上海是林彪、江青一伙进行反革命活动的一个重要地区，因此诚恳地劝她迁往北京居住。宋庆龄到北京后，总理特别指示杨德中同志主管宋宅的各项工作，在部队执行警卫任务的同时，由公安部、市公安局、当地派出所三方面协同警卫。除了安排警卫人员确保宋庆龄的人身安全外，总理在百忙之中还亲自找红卫兵谈话，做说服教育工作。正是由于总理的妥善安排，宋庆龄的北京寓所和上海寓所在“文革”中都未受到冲击。周恩来对宋庆龄的关心不仅停留在安全保护

上。1966年11月12日，是孙中山诞辰100周年纪念日，党中央决定在人民大会堂召开万人纪念会，邀请宋庆龄写文章并出面讲话，宣传孙中山精神。在大会召开前夕，周恩来百忙之中仔细审阅宋庆龄的演讲稿，并亲自加以修改、润色。这是对宋庆龄以政治上最大的支持和爱护。对于周恩来在“文革”中给予的关怀和帮助，宋庆龄终生难忘。

在那动乱的岁月中，许多民主人士因遭遇迫害，积郁成疾。得知他们的病情后，周恩来立即组织医护人员进行治疗和抢救，甚至在他们去世后妥善处理后事，并对他们的遗属关怀备至。1974年初，民主人士傅作义病情恶化，周恩来指示卫生部组织医疗小组进行抢救。他常常在深夜向医生询问傅作义的病情，商定医疗方案。这一时期也是周恩来处境最困难的时期，一方面，“四人帮”掀起所谓“批林批孔”运动，将矛头直指周恩来等老一辈革命家；另一方面，他本人的病情日益加重，身体十分虚弱。但是，为了党和人民的利益，他全然不顾自己。4月，傅作义病情转危，周恩来闻讯立即赶到医院。在病床前，他拉着傅作义的手，亲切地说：“傅先生，毛主席说，你对北平的和平解放是有功的。”听到这样公正的评价，傅老激动地流下了热泪。傅作义去世后，周恩来抱病主持了追悼会。对于傅作义的夫人刘芸生，周恩来不仅安置了她的生活，解决了她的生活费和住房问题，并且在政治上关心她。1974年9月，周恩来在卧病在床的情况下，亲自给中央写信，提请傅作义等四位起义将领的夫人参加国庆招待会，在国内外引起了极大的反响。

周恩来同各界爱国民主人士真诚相待，肝胆相照，而他们也将周恩来视为政治上杰出的领袖，生活中亲密的朋友。他们之间的友谊历久弥新，给世人留下了无数的佳话。这张名单充分体现了周恩来坚持党的统一战线政策，更体现了中国共产党人对为中国革命做过杰出贡献的人们的深深敬意！

（李　妍）

芝兰之交　芳香馥郁

——邓颖超与女艺术家们的深情厚谊

邓颖超在青年时期就十分爱好话剧表演，虽然在投身革命和建设改革的工作中，无法体验戏剧表演的艺术生活，但她始终关心着我国的艺术事业发展，特别是关怀和爱护着我国的女艺术家们。

秦怡是中国著名的电影表演艺术家。2009年10月17日，她获得了第18届金鸡百花电影节终生成就奖。她以满头的银发、灵活的身姿、红润的脸庞、温婉的笑容给广大观众朋友留下了深刻的印象。然而很少有人知道，她和邓大姐情同家人的情谊。

1985年，邓颖超和表演艺术家白杨、秦怡、张瑞芳、周小燕在中南海西花厅合影

两位高洁雅致的女子相识于1942年夏秋。当时秦怡刚刚成名，但她生了甲状腺瘤，住在重庆歌乐山医院准备进行手术。周恩来那时也生病住在她前面的病房里。一天，邓大姐忽然来到当时只有二十岁的秦怡的病床前，她身穿点缀有小碎花的浅色旗袍，领口别了一枚漂亮的领针，全身散发着一种革命女性的美。她亲切地与秦怡打招呼、询问她的病情，并和她聊天解闷。邓颖超和蔼的笑容和清脆的嗓音，使秦怡喜出望外。邓大姐告诉她："希望你勇敢地与疾病做斗争。如果要动手术，你不要怕。有什么需要，可以告诉我们。不要急着出院演戏，以治病为重。现在少演一个戏，等身体养好了，将来可以多演几十个戏……"大姐的话给秦怡以无限的鼓励。后来，奇迹果然发生了，打起精神的秦怡病情渐渐地好转，竟未做手术便出院了。

从那时起，邓颖超温和亲切的态度给漂泊在外、久离亲人的秦怡留下了很深刻的印象。

1966年的春节，秦怡被查出患上了肠癌，很快就接受了手术治疗。术后，一位医生断言，秦怡活不长了。邓颖超闻讯后，专门给秦怡写了一封信，信上说："既来之，则安之。要在战略上藐视疾病，在战术上重视疾病……一个共产党员，应面对现实，无所畏惧，从战略上藐视，战术上重视。相信你一定能战胜病魔，勇往直前，去迎接生活。"这封信真是一副精神强心剂，它不是药物所能代替的。邓大姐热情的关怀，安慰和温暖了秦怡的心。手术后没多久，她就动身赴干校参加劳动，一去就是两年。在两年的时间里，她的病情不仅没复发，而且奇迹般的痊愈了。后来，秦怡的儿子患了精神分裂症，邓颖超得知后非常关心，每次见面都要问她平时怎么照料儿子，单位里有没有人来帮助等等。

秦怡把"面对现实，无所畏惧"这八个字当作自己毕生的座右铭。她曾说："我很庆幸，此生能与邓大姐相识。"她把邓大姐当作终生学习的榜样，战胜了生命中的种种困难与苦楚，顽强而乐观地笑对人生。

邓颖超和著名的作家、诗人冰心是情同姐妹的老朋友。她俩情趣高洁，都很喜爱鲜花。邓颖超爱花，并在自己的院子里种了不少，月季花就是其中的一种。冰心也爱花，但她只爱月季花。她曾说："我就喜欢月季花，月季一年四季展示浓艳，吐播芬芳，可以美化人的生活环境，增添人的生活情趣。"

冰心的几位小朋友创办了"北方月季花公司"，地址就在冰心家附近。他们知道邓颖超和冰心都喜欢月季花，因此每逢花开，他们都要请两位老人来赏花。1985年5月18日上午，邓颖超一下车，就看到许久未见的老朋友冰心："我真想你，一个惦念，一个想。"说着转身从秘书手中拿过一束盛放的芍药，"这是我家院子里种的花，我祝贺你八十六岁生日，你气色真好，不像八十六岁。愿你总像鲜花一样生机勃勃。"

冰心激动地接过花束，连声说："谢谢，谢谢！"

两人并肩漫步于花丛中，有说有笑，十分惬意。临走前，冰心又送给邓颖超一束美丽的月季花，以表示对邓大姐的祝福。邓大姐接过花，连声道谢："回去我看到花，就会想起你这位爱花的老朋友。"

次年，春天又到了，邓颖超再次到北方月季花公司赏花。可邓大姐到了月季园，却发现冰心没有来，便询问冰心的近况。公司负

邓颖超看望作家冰心

责人说："可以马上派车接冰心来。"邓颖超说："冰心的腿不好，下楼不方便，还是我去看她吧。"

冰心得知邓大姐要来看她，扶着助行器在房门口迎候。一进门，二人便寒暄起来。冰心表示没有去月季园赏花，腿脚不便是一个原因，主要原因是她在为《中国高中学生优秀作文选》赶写序言。邓颖超听了高兴地说："好、好，你真是老而弥坚。最近在《人民日报》上看到你的照片。我说，冰心的确不老，一片冰心还在玉壶，冰心是乐观者。"邓颖超妙语连珠，使包括冰心在内的所有在场的人都开怀地笑了。

两位年过八旬的革命家邓颖超和作家冰心亲切地交谈着，她们谈花、谈文章、谈往事、谈对青年一代的教育。分别时，邓颖超和冰心紧紧地握住彼此的手，互嘱保重。邓颖超说："千言万语说不完，咱们下回再叙。"没想到，这次会面竟成了她俩的永别。

在邓大姐去世后，冰心曾撰文痛悼邓颖超。"人之相知，贵相知心"，这是冰心在文中的一句话。我想，这也是对她与邓颖超之间情谊的高度诠释。二人以花会友，但她们之间更为相似的，则是对生活的同样热爱和对事业无比的忠诚。

其实，邓颖超与众多女艺术家都有着很深厚的感情，秦怡、冰心、白杨、于蓝、常香玉……无论是哪一位德高望重、德艺双馨的女艺术家，一提到邓大姐都能将她和大姐之间的故事娓娓道来。邓颖超与她们之间，就像芝兰之交，既高雅脱俗，又心照神交；既推心置腹，又从善如流——把彼此的情谊在淡淡的花香中化作永恒。

（叶　平）

经典之作　瞬间永恒

——《沉思中的周恩来》照片

《沉思中的周恩来》是意大利摄影家焦尔乔·洛迪于1973年1月9日，在北京人民大会堂为周恩来拍摄的。它逼真地刻画出周恩来这位杰出政治家的形象，巧妙地表现了人物的内在性格。邓颖超曾说："这是周总理生前拍的姿势和神情最好的照片之一。"20世纪80年代其印量就已超过9000万张，堪称记录周恩来晚年形象、风靡世界的一幅经典之作。

1973年1月6日，作为《时代》周刊的摄影记者焦尔乔·洛迪随同意大利外交部部长朱塞佩·梅迪奇访问中国。9日下午，周总理在人民大会堂会见意大利代表团及随行记者，双方进行了友好会谈。长期以来，周恩来总理伟大的人格和豁达的风度给洛迪先生留下了深刻印象，使他早就生出要为总理拍张单人像的强烈愿望。因此，尽管在此次接见前，意大利大使馆向洛迪等记者叮嘱，不允许他们携带照相机，但他却瞒

《沉思中的周恩来》

着意大利驻华大使，悄悄地带上了照相机。

会谈后，代表团一行排着队等候周总理的接见，洛迪排在队伍的中间。当听到周总理向人们打招呼和致谢的声音时，洛迪向排在前面的大使询问，除了中文外周总理还会讲什么语言。大使说：“周恩来的法语讲得很流利。”洛迪先生想，这也是自己的运气，因为这样他可以直接向周总理说明拍照要求了。队伍排到一半时，洛迪又忽然意识到，即使只向周总理要求一分钟的时间，也不可能得到满足，因为在他身后还有三四十人在排队。于是，洛迪从队伍里走了出来，一直走到队尾，这样就成了最后一个被总理接见的人了。

当轮到洛迪先生被总理接见时，他坦诚地对总理说：“总理先生，我有生以来第一次撒了谎。我向别人谎称没带照相机，但实际上我带了。因为这是我唯一的机会，再也不可能有像今天这么好的运气给您拍照了。”

洛迪先生是位“少白头”，才中年已经满头银发了。周总理看了看洛迪，诙谐地对他说：“满头白发的人也会说谎吗？”“是的。但是如果可能的话，请您给我一小会儿时间让我为您照一张相。”周总理又笑了笑说：“对有白头发的人的请求，我是不会拒绝的。”

总理同意后，洛迪先生请总理坐在沙发上，凭着自己丰富的经验、敏锐的观察力，没用闪光灯也没用测光表，只利用当时现场的自然光，用随身携带的小型相机，为总理拍下了第一张照片。洛迪先生后来说，总理的胳膊肘是那样自然完美地放在扶手上，根本不需要任何提示。但在第一张照片中，总理的视线有些偏向下方，洛迪先生不满意。于是他走近总理，对总理说：“总理先生，我不是一个出色的摄影师，您能给我一个机会再拍一张吗？”

总理同意了，洛迪先生重新回到了摄影位置。这次总理的目光移向了远方，洛迪抓住了这千载难逢的时机，拍下了这具有历史意义的瞬间。

照片中的周恩来微侧身躯，面容刚毅，剑眉紧锁。眉峰间凝聚着无穷的魅力、意志和信心，瘦削的面颊在点点老年斑的点缀下，更增添了几分苍劲且超脱尘世的英气。深色的背景暗示着他所处的境遇：身处“文革”的他，虽已竭尽全力，但终未能挽救动荡的局势。“四人帮”还打着“批林批孔”的幌子对他进行公开攻击。已被确诊患有癌症的他，在身体状况急速恶化的情况下，需要思考的问题太多了！如何稳定住“文革”时期事态的发展；如何维持国民经济，避免其全面崩溃；如何保护老干部、爱国民主人士不受冲击；如何……但是想必在周恩来众多思考的问题中唯独没有他自己的身体状况！

40年前，洛迪先生这个“鲁莽”的举动，为我们后人留下了这张寄托着思念的照片；40年后，周恩来邓颖超纪念馆将照片《沉思中的周恩来》配以按照照片创作的蜡像《鞠躬尽瘁》，共同展现在观众的面前，使得周总理的形象更加立体生动。这无论是在给观众的感知上，还是陈列形式上，或是艺术品本身，都无疑是经典之作，每天都吸引着来自世界各地的无数游客驻足欣赏！

（王乃嘉）

情牵两岸　心系统一

——周恩来的最后一次批示

妥善解决台湾问题，实现祖国统一大业，是周恩来长期萦怀的愿望。周恩来对祖国统一充满信心，但也深知台湾问题的复杂性和解决这一问题的艰巨性、长期性。为此，他与毛泽东主席制定了一系列的战略方针并做出巨大的努力。在周恩来邓颖超纪念馆的展厅里陈列着一张周恩来对台湾工作的批示，这份批示不是工整地写在文件纸上，而是写在一张报纸的边缘。

这张报纸是新华社的《参考消息》。该报在1975年9月1日至9月4日转载香港《七十年代》中的一篇专稿——《访蒋经国旧部蔡省三》。在9月4日报纸边缘的空白处，周总理做了批示："请罗青长、家栋将蔡省三四篇，对四篇评论的真实情况进行分析，最好找王昆仑、于右任女婿屈武等人，弄清真相，以便彻底。周恩来　九月四日　托托托托。"

批示中的蔡省三先生是1975年第七批也是最后一批被中国政府特赦的国民党战犯，当时政府对他们的政策是：可留大陆，可去台湾，也可另择居住地，并来去自由。当时蔡先生一心想去台湾，因他在20世纪40年代曾是蒋经国的部下。1941年蒋经国在江西赣州创办《江西青年日报》，并自兼社长，让23岁的蔡省三担任总编辑，共事十年。被特赦后，蔡省三等十人经停香港，等待台湾批准入境，但台湾当局却拒绝让他们进入台湾，这十人只得各奔东西，自谋出路。蔡省三留在了香港，以写作为生，并于当年得到周总理的关照，特批其原配夫人到香港与其团聚，使他深受感动。

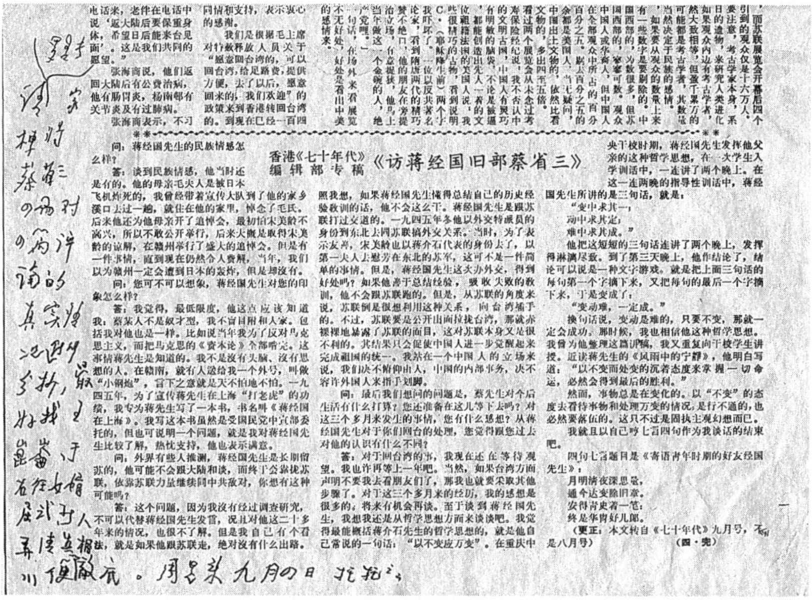

电话来，老伴在电话中说‘返大陆后要保重身体，希望日后能来台见面’。这是我们共同的愿望。”

张海商说，他们返回大陆后有公费治病，他有肠胃炎，杨南邨有关节炎及有过肺病。

张海商表示，不习

同情和支持，表示衷心的感谢。

我们是根据毛主席对待敌释放人员关于“愿意回台湾的，可以回台湾，给足路费，提供方便，去了以后，愿意回来的，我们欢迎”的政策来到香港转回台湾的。到现在已经一百四

香港《七十年代》编辑部专稿

《访蒋经国旧部蔡省三》

问：蒋经国先生的民族情感怎么样？

答：谈到民族情感，他当时还是有的。他的母亲毛夫人是被日本飞机炸死的，我曾经带着宣传大队到了他的家乡溪口去过一趟，就住在他的家里，悼念了毛氏。后来他还为他母亲开了追悼会，最初怕宋美龄不高兴，所以不敢公开举行，后来大概是取得宋美龄的谅解，在赣州举行了盛大的追悼会。但是有一件事情，直到现在仍然令人费解，当年，我们以为赣州一定会遭到日本的轰炸，但是却没有。

问：您可不可以想象，蒋经国先生对您的印象怎么样？

答：我觉得，最低限度，他这点应该知道我：蔡某人不是奴才型，我不盲目附和人家。包括我对他也是一样。比如说当年我为了反对马克思主义，而把马克思的《资本论》全部啃完。这事情蒋先生是知道的。我不是没有头脑、没有思想的人。在赣南，就有人送给我一个外号，叫做“小钢炮”，言下之意就是天不怕地不怕。一九四五年，为了宣传蒋先生在上海“打老虎”的功绩，我专为蒋先生写了一本书，书名叫《蒋经国在上海》。我写这本书虽然是受国民党中宣部委托的，但也可说明一个问题，就是我对蒋经国先生比较了解，热忱支持，他也表示满意。

问：外界有些人推测，蒋经国先生是长期留苏的，他可能不会跟大陆和谈，而终于会靠拢苏联，依靠苏联力量继续同中共敌对，你想有这种可能吗？

答：这个问题，因为我没有经过调查研究，不可以代替蒋经国先生发言，况且对他这二十多年来的情况，也很不了解。但是我自己有个看法，就是如果他跟苏联走，绝对没有什么出路。照我想，如果蒋经国先生懂得总结自己的历史经验教训的话，他不会这么干。蒋经国先生是跟苏联打过交道的。一九四五年冬他以外交特派员的身份到东北去同苏联搞外交关系。当时，为了表示友善，宋美龄也以蒋介石代表的身份去了，以第一夫人去慰劳在东北的苏军，这可不是一件简单的事情。但是，蒋经国先生这次办外交，得到好处吗？如果他善于总结经验，吸收失败的教训，他不会跟苏联跑的。但是，从苏联的角度来说，苏联倒是很想利用这种关系，向台湾插手的。不过，苏联要是公开出面拉拢台湾，那就赤裸裸地暴露了苏联的面目，这对苏联本身又是很不利的。其结果只会促使中国人进一步觉醒起来完成祖国的统一。我站在一个中国人的立场来说，我们决不俯仰由人，中国的内部事务，决不容许外国人来指手划脚。

问：最后我们想问的问题是，蔡先生对今后生活有什么打算？您还准备在这儿等下去吗？对这三个多月来发生的事情，您有什么感想？从蒋经国先生对于你们回台的处理，您觉得跟您过去对他的认识有什么不同？

答：对于回台湾的事，我现在还在等待观望。我也许再等上一年吧。当然，如果台湾方面声明不要我去看朋友们了，那我也就要采取其他步骤了。对于这三个多月来的经历，我的感想是很多的；将来有机会再谈。至于谈到蒋经国先生，我想我还是从哲学思想方面来谈谈吧。我觉得最能概括蒋介石先生的哲学思想的，就是他自己常说的一句话：“以不变应万变”。在重庆中央干校时期，蒋经国先生发挥他父亲的这种哲学思想，在一次学生入学训话中，一连讲了两个晚上。在这一连两晚的指导性训话中，蒋经国先生所讲的是三句话，就是：

“变中求其一；
动中求其定；
难中求其成。”

他把这短短的三句话连讲了两个晚上，发挥得淋漓尽致。到了第三天晚上，他作结论了，结论可以说是一种文字游戏。就是把上面三句话的每句第一个字摘下来，又把每句的最后一个字摘下来，于是变成了：

“变动难，一定成。”

换句话说，变动是难的，只要不变，那就一定会成功。那时候，我也相信他这种哲学思想。我曾为他整理这篇讲稿，我又重复向干校学生讲授。近读蒋先生的《风雨中的宁静》，他明白写道：“以不变而处变的沉着态度来掌握一切命运，必然会得到最后的胜利。”

然而，事物总是在变化的。以“不变”的态度去看待事物和处理万变的情况，是行不通的，也必然要落伍的。这只不过是固执主观幻想而已。

我就且以自己哼七言四句作为我谈话的结束吧。

四句七言题目是《寄语青年时期的好友经国先生》：

月明清夜深思量，
通今达变除旧章。
安得青史着一笔：
终是华胄好儿郎。

（更正：本文转自《七十年代》九月号，不是八月号）　（四·完）

周恩来 九月四日

1975年9月4日，周恩来写下关于台湾问题的批示

在《访蒋经国旧部蔡省三》一文中，蔡省三凭着对蒋经国先生的了解和理解，判断蒋经国上台后的“三不会”：（一）不会出卖台湾，向外国卖身求荣；（二）不会投降大陆；（三）不会把台湾搞乱，而能有一番作为。

蔡省三在香港发表的这些言论，引起了病危中的周恩来极大的兴趣。周总理当时虽已重病缠身，但他坚持看完四篇连载文章，并在最后一篇连载旁用颤抖的手认真地写下了这份批示。这是他一生中的最后一次批示。最后连续几个“托”字不仅是留给负责对台工作的同志的最后嘱托，也是他对全国人民的嘱托。

在周恩来的心中，一直装着所有台湾人民。直至生命垂危之际，他仍然惦记着台湾统一的问题，记挂着远在台湾的朋友。

在1975年9月的那次手术中，医生们发现，周恩来身上的癌细胞已向全身扩散，无法医治了。在随后的几个月里，周恩来的身体越来越虚弱，但是头脑仍十分清楚，他在思考着还有哪些重要问题需要交代。

12月20日清晨，一直处于昏迷状态的周总理稍微清醒了一些，便提出要见中央对台工作领导小组的负责人罗青长。可是，待罗青长匆匆赶到三〇五医院的病房，护士却悄悄地告诉他，总理已经昏睡过去，请他在隔壁房间略等一下。直到中午，总理才苏醒过来，亲切地招呼他坐在病床旁边，然后翕张着干裂的嘴唇，吃力地向他询问了台湾的近况和一些在台的老朋友的现状。最后，总理郑重嘱咐他："不能忘记老朋友，"停顿了一下，又稍加解释，"不能忘记那些对人民做过有益事情的人们，那些帮助过我们的老朋友，哪怕他一生只做过一件有益于革命的事……"在不到十五分钟的谈话中，总理竟两次被病痛折磨得说不出话来，昏厥过去。

1976年1月8日，周总理与世长辞。在总理追悼会的前一天晚上，即1月14日，邓颖超亲手将总理的骨灰盒安放在人民大会堂台湾厅，这也是周总理的心愿。之所以选择把总理骨灰放在台湾厅是经过一番考虑的，周总理生前一直关心和致力于祖国的统一大业，将他的骨灰于最后时刻摆放在台湾厅，寓意着他的心将永远和台湾人民在一起，也意味着周总理的遗愿是两岸统一的早日实现。

如今，海峡两岸实现"三通"，两岸人民来往密切。我们坚信，未来两岸关系的趋势、两岸经济的发展、两岸人民的生活，亦将如总理所愿，会有美好而灿烂的明天！

（孙　菲）

生命余光照亮祖国前程
蜡炬成灰无愧最后拼搏

——周恩来最后的587天

1966年发生在中国大地上的那场“文化大革命”对每个中国人来说，都是一场噩梦。这十年不仅是国家的灾难，而且是周总理一生中最艰难的岁月。他肩负历史使命，苦撑危局，力挽狂澜。长时间的超负荷工作，使心力交瘁的周恩来原本健康的身体急剧衰弱，心脏病多次发作。1972年5月18日，周总理被确诊患了膀胱癌。

1974年6月1日，周恩来由于病情不断加重，不得不离开了他曾经紧张工作和简朴生活了25年的西花厅，前往中国人民解放军第三〇五医院接受手术治疗。

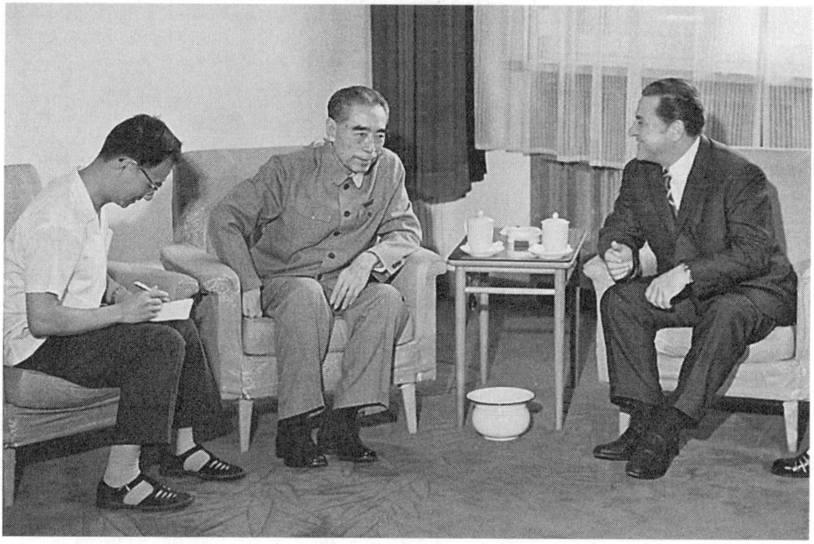

1975年9月，周恩来会见罗马尼亚党政代表团团长伊利耶·维尔德茨

住院后的周恩来因病不能外出办公了，但工作并没有因此停下来，病房成为另一个“总理办公室”。此时正是筹备四届人大最为关键的时期。为了祖国的千秋大业，他安排好四届人大人选，精心保护和苦心推出的一批在“文革”时期蒙冤的领导人，即将平反和复出。而那时也正是周恩来总理的手术最为关键的时候。在会诊中医生发现总理的胃肠道有问题，膀胱癌本身在恶化，按照治疗计划准备做肠道手术。但这时四届人大的安排基本有了眉目，最需要周总理出面向毛主席汇报，而此时毛主席远在长沙。

对于医生来说，总理这样的身体状况，是无论如何不能再出差的。但作为总理来说，他无论如何也要去完成这一项任务。在个人生命与国家命运之间，周总理选择了后者。他飞往长沙去见毛主席，见到主席，把四届人大的整个格局安排妥当后，才又飞回北京。

这时候，医生发现他的病已经全面恶化了。其实，总理不是不明白他的病情。只是在这个时候，他必须拼命啊！

为了国家的前途而一拼！为了民族的前途而一搏！

1975年1月13日，四届人大胜利召开。周恩来走进人民大会堂，站到国徽下，庄严地做了他人生中最后一次政府工作报告：“在毛主席为首的党中央领导下，我国人民奋发图强，克服种种艰难险阻，只用了二十多年的时间，就把一个贫穷落后的国家，变成初步繁荣昌盛的社会主义国家。我们再用二十多年的时间，一定能够在本世纪内，把我国建设成为社会主义现代化强国！”

1975年1月，周恩来的政府工作报告，令人荡气回肠；1975年3月，周恩来写给主席的病情报告，却让人肝肠寸断：“主席，最近四年来，我的大便中偶有潜血出现，但因消化系统好，未进行肠胃检查。这两年又因膀胱癌，出现尿中有血，易于计量和检查，故医疗力量集中于治疗膀胱癌。现膀胱癌经过两次开刀，三次电烧后，已能稍稍控制。今年开会后，大便中潜血每天都有，大便也不畅通，因此利用三月间隙，进行食钡和灌钡检查，始发现大肠内接近肝部有一肿瘤，类似核桃大。我因主席对我病状关怀备至，今又突然以新的病变报告主席，心实不安。但如需再次开刀，我还受得了。”

在身体每况愈下的情况下，周恩来依然坚持工作！

从1974年6月1日住进医院到1976年1月8日逝世，在这整整587天中，周总理先后做过大小手术14次，平均40天做一次手术。就是在这种情况下，周总理仍然同中央负责同志谈话161次，同中央部门及其他有关方面负责同志谈话55次，接见外宾63次，召开会议40次。罗列的数字是枯燥的，可这些数字又意味着身患重病的周总理平均每天的工作量仍在8个小时以上。常常是总理在会客，医生们在隔壁的房间里，备齐所有的抢救设备，一旦有事，立即抢救。

1975年5月7日，周恩来总理在看望谭震林时曾说过：“死我并不怕，我已是七十七岁多的人了，也算得上是高寿了。可是这二十几年的时间，总应该把国家建设得好点，人民的生活多改善一些，去马克思那里报到才感到安心。现在这种状况去报到，总感到内疚、羞愧。”周恩来在长达半个多世纪的革命生涯中，毫无保留地把全部精力奉献给了他所挚爱的祖国和人民，直到生命的最后一息，真正做到了“鞠躬尽瘁，死而后已”。

（王乃嘉）

文化无疆贯中伊　精笔巧绘细密画

——伊朗友人赠送的《马球图》

伊朗，古称波斯，与中国同为文明古国。早在两千多年前，古老的丝绸之路就将两国紧紧地联系在一起。作为中伊友好的见证，周恩来邓颖超纪念馆收藏着一件伊朗友人赠送给周恩来和邓颖超的《马球图》细密画，它不仅记录了新时期中伊两国之间的友好交往，同时也向我们展现了两国间悠久的文化交流史。

细密画（miniature），作为一种精细刻画的小型绘画，是波斯艺术的重要门类之一，被誉为“伊斯兰艺术的珍珠”。它始于《古兰经》的边饰图案，后主要用作书籍插图和封面、扉页上的装饰图案。有的画于羊皮纸上，有的画于纸上，也有的画在书籍封面的象牙板或木板上。题材多为人物肖像、图案或风景，也有风俗故事。画面先要抛光磨平，再用矿物质颜料绘制，有时甚至以珍珠、蓝宝石磨粉作颜料，以产生一些特殊的色泽效果。绘画线条细腻，人物花案

伊朗友人赠送的《马球图》细密画

毫发毕现，精美流畅，色彩华丽，犹如镶嵌珐琅，美不胜收。

伊朗细密画有着悠久的历史。在帖木儿王朝时期达到鼎盛。18世纪后因欧洲殖民者入侵而几近消亡。在其发展历史中，它不仅影响他国，同时也吸收了外来的文化因素，特别是深受中国宋元画风的影响。蒙古和塞尔柱人的入侵和统治，使中国画的技法传到了波斯，其后又有一些波斯画师被派到中国学艺，促进了波斯细密画的日趋成熟。初期，伊朗细密画主要用于书籍装帧，后逐渐演变成张贴画和壁画。

这幅《马球图》作为伊朗小型装饰细密画的代表，长35.5厘米，宽24.5厘米，画面呈长方形，分为内区和外区。外区为颇具伊斯兰风格的蓝地花卉纹饰，内区描绘的是11名身着各色传统服装的队员，骑着奔驰的骏马，手挥球杆，在开阔的绿地上追逐打马球的场面。整幅绘画构图饱满，刻画生动，色彩丰富，纹饰华贵如同锦缎，笔法纤巧恭谨，民族特色浓厚，展现了波斯贵族奢华、富足、欢乐的生活。

该画作产自伊朗的伊斯法罕（ISFAHAN）。伊斯法罕作为古代丝绸之路的重要交汇点，曾是波斯塞尔柱王朝和萨法维王朝的首府，也是伊朗细密画的中心，近、当代伊朗很多细密画大师就出自这里。周恩来、邓颖超夫妇作为伊朗人民的好朋友，与伊朗人民有着深厚的友谊。伊朗于1971年8月16日与新中国正式建交，周恩来虽未正式访问过伊朗，但他曾多次接见伊朗友人和访华代表团。邓颖超在周恩来逝世后曾于1977年出访伊朗，受到伊朗人民的热烈欢迎。作为中伊两国友好交往的象征，该画作作为国礼由伊朗友人赠送给他们，意义深远，一直由邓颖超保存在中南海西花厅的家中。2012年3月经有关部门批准入藏周恩来邓颖超纪念馆。

仔细研究这幅伊朗《马球图》细密画，不禁又使人将它与1971年在陕西省乾县章怀太子（唐高宗和武则天的第二个儿子）

章怀太子墓出土的《马球图》壁画

李贤墓中出土的《马球图》壁画进行对比。在这幅墓葬壁画中，20多位骑手，头戴幞头，身穿窄袖长袍、墨靴，腰间束带。为首数人左手执缰，右手执偃月形球杖，跃马奔驰，各逞技艺，争击一只弹跃的红色丸球。击球手分穿黑、白两色服装，似分两队角逐。其余十骑，或伫立观望，或驰骋于山谷间，似为观众或等待上场的球员。画中以青山、古树为背景，表明这场马球运动开展于郊野之中。千年之后的人们，驻足壁画之前，仿佛还能够听到当年场上厮杀时发出的叫好和呐喊。马球运动起源于波斯，后来传入中国，在我国唐朝时成为风靡全国的运动。包括唐太宗和唐玄宗在内的唐朝达官显贵都非常推崇这项运动。有民谣道“三郎少时衣不整，迷恋马球忘回宫”，说的是唐玄宗李隆基从小酷爱打马球，以至于连饭都忘了吃的典故。

当我们伫立在这两幅《马球图》前，时空似乎静止了。远隔数千里的中伊两国，文化交流却如此之深。我们不禁要感叹，要感谢古老的丝绸之路，感谢古代中国与波斯的先民们，感谢中伊两国源远流长的友好交往。

国家有界，文化无界。伊朗友人赠送给周恩来和邓颖超的《马球图》细密画不仅是中伊友好和新中国外交成果的见证，更是中伊两国之间历史悠久的文化交流的坚实反映。它所蕴涵的历史、文化和艺术信息将永远地铭刻在中伊两国人民的文化基因中。

（翟　毅）

周恩来邓颖超纪念馆

第三部分

精神风范　浩气长存

坚守的力量

——“为人民服务”像章

在“文化大革命”期间，给全国人民留下难以磨灭印象的是周总理胸前始终佩戴的“为人民服务”像章。这枚像章个头虽小，却是周恩来总理生涯的真实写照，它不仅挂在总理的胸襟上，更铭刻在总理的心中。

周恩来始终把自己看成人民的“总服务员”，时刻牢记自己要做人民忠实的勤务员，和群众同甘苦、共命运。哪里有灾情，哪里群众有困难，他就及时出现在哪里。

1966年3月8日凌晨，邢台地区发生强烈地震。周恩来在京紧急召开会议，研究制定救灾措施。灾情发生后的第二天，周总理就冒着余震的危险，来到震中，视察灾情，慰问灾民。在临时搭建的“医院”里，每经过一个地铺，他都停下来，摸摸伤员的褥子

“为人民服务”像章

问伤员冷不冷，亲切地询问伤员的治疗情况。伤员们拉着总理的手久久不愿放下："总理呀，解放军把我们救出来，您又来看我们，这份恩情叫我们怎么报答啊！"总理和蔼地说："解放军是人民的军队，是为人民服务的，我也是为人民服务的。我们都是人民的勤务员。"

1966年3月22日，邢台发生第二次地震。总理乘直升机一天起降五次，全面视察受灾情况，每到一个地方都要向群众讲话，鼓励大家"自力更生，奋发图强，发展生产，重建家园"。那天风沙很大，地方干部请周总理背风站着向群众讲话。周总理发现，群众迎着风，大风吹起地上的土，好多人都用手捂着脸站在那里。他立即一言不发地疾步走向相反的方向。工作人员和当地干部不知怎么回事，见总理走了，赶忙跟过去，在场的群众也疑惑不解，目光紧随总理的身影。总理走到人群的正后方，停下来，自己迎着风沙继续讲话。这时大家才明白，总理这么做使群众在不知不觉中把身子完全转了过去，背着风听总理讲话。周恩来以自己无声的行动诠释了什么是"为人民服务"。

1954年的冬天，周总理听说北京的公共汽车很拥挤，老百姓坐车很困难。一天下午五点多钟，正是人们下班的时候，周总理对秘书和卫士说："群众反映现在坐公共汽车很拥挤，等车要一两个小时，现在咱们去了解一下情况。"周总理一行三人来到北京图书馆附近的汽车站，人确实很多，等了好久车才来。等大家全部上了车，周总理才最后上去。车厢里已经没有了座位，周总理往车里走了走，抓住吊环，汽车开动了。一开始，人们都没有注意。过了几分钟，一位乘客发现了总理："哎呀！这不是周总理吗？"顿时，车厢里沸腾起来，许多人站起来给总理让座，不少人往他身边挤，有的人还把手伸过来要和总理握手。秘书和卫士都非常着急，怕把总理挤倒。周总理挥着手大声说："请坐，请坐，别挤！"这时，一位乘客挤过来，握着总理的手激动地说："总理，你那么

1966年3月，周恩来到邢台地震灾区慰问群众

忙，怎么还来坐公共汽车？”周总理笑着说：“我也来体验一下你们的生活嘛！”有的乘客非要让总理坐下，总理坚决不肯，一直站着和大家亲切地说着话。总理问他们在哪儿工作，住在哪里，生活得怎样，每天上下班坐车要多长时间。了解完情况，总理下了公交车，又上了一辆无轨电车，在寒冷的夜晚走了大半个北京城。问题搞清楚了，总理很快召集有关部门同志研究解决公共汽车拥挤的方案和具体措施。经过周恩来的努力，北京市公共汽车拥挤问题得到了缓解。

总理就是这样为人民服务的。即使在生病住院和生命的最后时刻，他也仍然惦记着老百姓。1974年9月30日，总理主持完最后一次国庆招待会，“十一”晚上，工作人员安排他在三〇五医院顶层的露台上观看国庆焰火晚会。在观看当天的焰火表演时，总理发现石景山区的焰火只能依稀看见一点光。他若有所思地说：“我们现在还是发展中国家，北京污染很厉害，现在看不见焰火，是因为被石景山钢厂的浓烟挡住了。我们要注意污染问题，要为人民的健康着想，从现在开始就要注意这个问题。”1975年2月，大手术之后，总理依然牵挂着千里之外的云南锡矿工人的多发矽肺的原因，指派为他治病的李冰院长亲赴矿区研究防治措施。总理病成那个样子，却仍然关心着工人的健康。因为总理早已把自己的生死置之度外，他心头萦绕的始终是国家和人民。

这就是我们的总理，一位人民的好公仆。他虽然已经离开了我们，但“为人民服务”像章仍闪耀着光芒，它无声地诉说着周恩来鞠躬尽瘁、全心全意为人民服务的一生，展现着总理求真、务实、清廉、为民的崇高品格和精神风范。

（王　涛）

十条家规示亲属　以身作则正明德

——周恩来、邓颖超的十条家规

在我馆西花厅展区陈列着这样一件展品——“周恩来、邓颖超的十条家规”，吸引着许多观众驻足品读。“十条家规”的内容是：“晚辈不能丢下工作专程进京看望；外地亲属进京看望，一律住国务院招待所，住宿费我们支付；一律到国务院机关食堂排队就餐，有工作的自付伙食费，没工作的我们代付；看戏以家属身份购票入场，不得享用招待券；不许请客送礼；不许动用公车；凡个人生活中自己能做的事，不要别人代劳，自我服务；生活要艰苦朴素；在任何场合都不能说出特有关系，不要炫耀自己；不谋私利，不搞特殊化。”这十条家规虽不足二百字，却成为周恩来对待亲属的办事原则。字里行间中让我们读懂了周恩来不搞特殊化，严于律己，端正党风，严把家风，始终遵守着一个共产党人的重要准则。

周恩来是国家的总理，管理着一个大家，可他始终从自己做起，从自己的家事做起，决不让亲属之事影响“大家”。早在1963年5月，周恩来就提出领导干部要过好“亲属关”，并认为过“亲属关”说起来容易，做起来却不那么容易。他还说，对亲属到底是你影响他，还是他影响你？如果处理不好，你不能影响他，他倒可能影响你。其实这十条不仅是周恩来的家规，更是加强领导干部作风建设的一面镜子。

周恩来身体力行，严格遵守十条家规，丝毫不松动，也不留情面。他从最亲近的人做起，严格要求邓颖超。1974年筹组四届人

周恩来、邓颖超与亲属合影

大领导班子时，毛泽东曾批准提名邓颖超任全国人大常委会副委员长，却被周恩来压了下来。直至周总理去世后，邓颖超在1977年被选为全国人大常委会副委员长时才得知此事。

此外，周恩来在弥留之际，曾留下这样的嘱咐，希望他的亲属留在各自的工作岗位上，不要到北京来，如果一定要来北京，应该自己花路费，不要政府一分钱。1976年1月8日，侄女周秉建突然接到一份从北京发来的电报，电文是："见报勿回。"她很纳闷。第二天早晨，周秉建从电台广播中得知伯伯逝世的噩耗，她非常悲痛，立即给北京打了长途电话。但是，邓颖超劝她留在自己的工作岗位上，并明确说这也是伯伯周恩来的意见。很多人知道，其他同志去世后，周恩来总是尽心竭力使他们的亲属得到慰藉。作为一国总理，让亲属在他逝世后来参加葬礼，本来是很自然的事，但是他却对自己严格要求。1月15日下午，邓颖超又专门召集亲属，对他们说："恩来生前是党和国家的领导人，但他总是以一个普通共产党员的标准严格要求自己，他把自己看作党的人，是一个人民的勤务员。在几十

周恩来、邓颖超与侄女周秉建合影

年的革命生涯中，恩来始终如一地遵守这条对共产党人来说最重要的准则，从不搞特殊，严于律己，把搞好我们的党风放在一个十分重要的战略地位。作为他的亲属，又有什么理由把自己放在一个特殊的地位呢？”

是啊，周恩来以身作则，对自己、对亲属严格要求的事例不胜枚举。他两袖清风，高风亮节，始终把人民的利益放在第一位。正如他说过，假如是对人民，我们要像孺子牛一样诚诚恳恳、老老实实为人民服务，我们国家的干部是人民的公仆，应该和群众同甘苦共命运。如今，我们再细细品读十条家规，更觉其意味深长。它不仅是周恩来高尚人格的写照，还展现了像周恩来这样的共产党人处理家国关系的崇高境界。

（李　力）

一花一叶诉情思

——周恩来、邓颖超爱情的信使

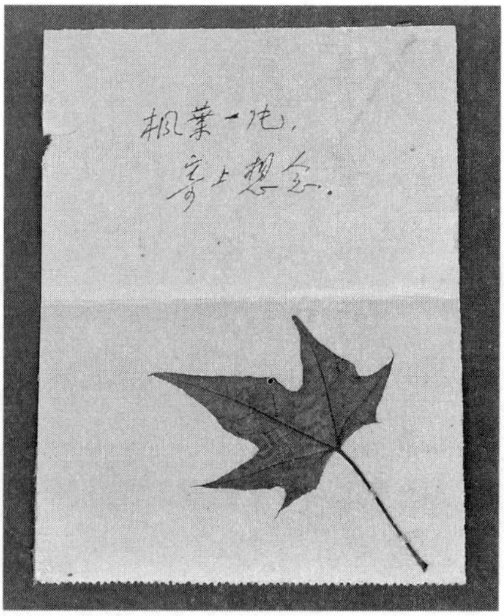

日内瓦会议期间，邓颖超寄给周恩来的枫叶

周恩来和邓颖超两位伟人，既是同志，又是伴侣。他们在50多年的共同生活中，聚少离多。无论是在血雨腥风的战争年代，还是在忧国忧民的建设时期，他们始终心心相印，对彼此关怀备至。他们细腻而真挚的爱情，体现在一花一叶的细节中，升华为温情的浪漫。

1954年4月，为和平解决朝鲜问题和恢复印度支那和平问题，周恩来率中国代表团赴瑞士日内瓦参加国际会议。

会议一直持续了四个多月。在那紧张战斗的日日夜夜，周恩来常常顾不上吃饭和睡觉，夜以继日地工作。这是新中国总理第一次参加重大国际会议，是一场针锋相对的战斗。

此时祖国北京，正值大地回春。在中南海西花厅的庭院里，海棠花开了。邓颖超却担心着周恩来的身体。在复杂多变的外交战中，周恩来是那么辛苦。邓颖超越想越担心。她抬头向院子里望去，粉红色的海棠花一团团、一簇簇随风摇曳，竞相媲美。邓颖超知道，周恩来酷爱海棠。每年海棠花开，周恩来无论工作多忙，都会和邓颖超

一起赏花。可今年海棠花开之时，他却远在日内瓦。于是，邓颖超来到院中，摘下几枝娇美的海棠，小心翼翼地将它们压在书里做成干花。

几天后，邓颖超将刚做好的海棠干花和去年从香山采来压好的红叶一齐放进信封中，寄给了周恩来。海棠，是周恩来最喜爱的花。红叶寄托着相思，象征着革命，表达着情谊。她在信中这样写道：

恩来：

今天是中国青年节——五四运动三十五周年纪念日。这个日子，是中国青年、中国人民以及你我二人的一个多么可纪念的节日。回忆当年，回忆三十五年来所经历的过程，又是如何使人引起深长的、复杂的、亲切的心情啊！

……

自从日内瓦会议开幕以来，我从报上、《参考消息》上、收音机上，及时地知道了会议的情况和你们的活动。你们站在紧张、复杂、尖锐的国际斗争的战线上，正为着保卫世界和平、制止新的战争的庄严的事业而努力，多么使人关切和向往着你们。

……

我自从整风以后，特别是近几年来，对于你的身体保健的注意和关心及采取的一些措施，绝不是仅仅只是从你是我的丈夫的个人观点出发的。

……

在郊区的山坡、泉水之旁，采了少许野花，又选上二三朵家花，一并随信寄你，给你的紧张生活，加上一些点缀和情趣。

……

小超

1954.5.4

正在日内瓦紧张战斗的周恩来收到邓颖超的信，看到信中夹着他心爱的海棠和寄托相思的红叶，脸上露出了灿烂的笑容，那是小超的一片深情！海棠带着西花厅的香味，红叶凝聚着邓颖超对周恩来深深的情谊！周恩来远在异国他乡，还有什么能比得上来自爱人满怀深情的慰问，更能使他心旷神怡？

周恩来托信使给邓颖超的回赠——芍药花和蝴蝶花

日内瓦是一座美丽的城市，风光明媚，到处开满了鲜花。周恩来委托秘书采来了院中正在开放的芍药花和蝴蝶花。周恩来将花瓣夹在一本厚书中，细心压好。然后，他给远在家中思念自己的妻子写了一封信，并装上压好的花托信使带给邓颖超。信中这样写道：

超：

你的信早收到了。你还是那样热情和理智交织着，真是老而弥坚，我愧不及你。

来日内瓦已整整七个星期了，实在太忙，睡眠常感不足，每星期只能争取一两天睡足八小时。所幸并未失眠，身体精神均好，望你放心。

陈浩、成元功两同志催我写信数次。现在已经深夜四时了，还有许多要事未办。明日信使待发，只好草草书此，并附上托同志们收集的院花，聊寄远念。

周恩来

六月十三夜

书信虽短，却饱含深情。邓颖超收到信后，看着看着，脸上洋溢起欢快的笑容。她的手轻轻拿起周恩来远从日内瓦寄来的芍药花和蝴蝶花，仿佛看到了他日夜辛劳的身影和那充满魅力的微笑。

海棠花、红叶、芍药花、蝴蝶花，成了传递两地相思的使者，这是一种能跨越时空阻隔的浪漫，更是两位伟人忠贞不渝爱情的见证！

（王怀斌）

同心同德共担风雨兼程
“八互”见证爱情永不褪色

——周恩来、邓颖超的“八互”原则

“夫妻庆幸能到老，无限深情在险中，相伈相伴机缘少，革命情意万年长”，这是1964年端午节邓颖超写给周恩来的一首诗，从这首诗中我们不难看出，两位伟人夫妻之间的情深意笃和他们数十年如一日、忠贞不渝、历久弥坚的爱情。很多人曾问及邓颖超他们夫妻之间感情如此深厚的秘诀？邓颖超总是说：“我们夫妻之所以能够永远保持初恋般的感觉，就是因为在生活中始终遵循‘八互’原则。”

所谓“八互”就是：“互爱、互敬、互勉、互助、互信、互谅、互让、互慰。”“互爱”是指夫妻双方要珍视相互的爱，作为革命夫妻，互爱是基础；“互敬”是说夫妻双方要互相敬重，相敬如宾，万不可总看对方的缺点，尤其是在众人面前要注意互相敬重；“互勉”是指夫妻双方在工作、学习、生活中互相勉励，共同前进；“互助”是指夫妻双方在生活、工作、学习上互相帮助，彼

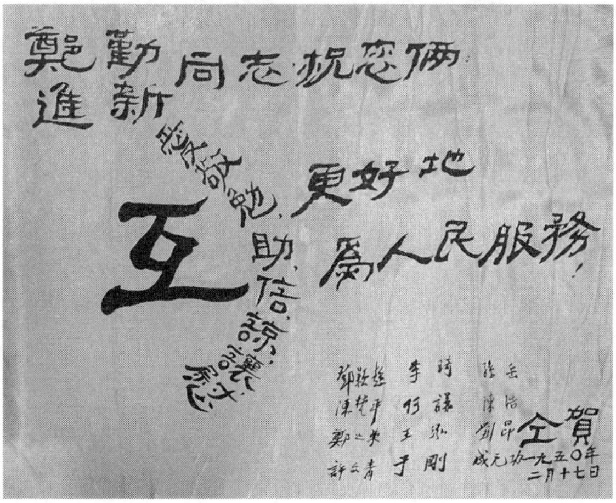

“八互”贺幛

此关心；“互信”是指夫妻双方要互相信任，不可心存猜忌；“互谅”是指夫妻之间总得相互谅解，倘若有错处，就宽容大度加以原谅；“互让”是指夫妻在家庭生活中，难免有不同意见和争执，这时要懂得让步，非原则性问题，应互相谦让；“互慰”是指夫妻之间在生活中遇到不痛快的事，双方要互相体贴、安慰，万不可互相指责、埋怨，伤了感情。翻开历史的篇章，“八互”确实是周恩来与邓颖超爱情观的真实写照和把他们紧紧相连的纽带。从1925年8月到1976年1月，在长达半个多世纪的婚姻生活中，他们聚少离多，但不论是在血雨腥风、戎马倥偬的战争年代，还是在新中国成立后忧国忧民、共展宏图的漫长岁月，他们始终心心相印，患难与共，用“八互”原则实践着对革命、对国家、对彼此的承诺，经受历史和岁月的考验。

从一封封不是情书胜似情书的书信中，我们能领略到他们之间那份恬淡但永不衰老的爱情；从1954年日内瓦会议两地相思的花和叶，我们可以感受到他们聚散离合酿就的爱情，愈加醇美、浓郁；从邓颖超60岁时写的诗作，“夫妻庆幸能到老”，到84岁时写下的一篇散文《从西花厅的海棠花忆起》，我们能够体会到他们情真意切、两情长久的恩爱。他们之所以赢得了全国人民的爱戴和全世界人民的敬仰，除了对国家、对人民做出的犹如滔滔江河般的伟大贡献和传奇经历之外，还在于他们的名字在人们的心目中是完美和忠贞不渝的爱情的化身。在经历了五十余年的风风雨雨后，他们之间的爱情仍然热烈深沉，清纯透明，成为世人敬慕的模范夫妻。

“八互”不仅是周恩来、邓颖超处理夫妻之间关系的信条，同时也是他们对年轻夫妇的期望。他们将“八互”送给身边工作人员，希望年轻夫妇们处理好夫妻之间的感情，更好地为人民服务。

1950年2月，周恩来身边的工作人员郑勤与李进新结婚，恰逢周总理出访苏联。当时邓大姐拿出一块红缎，请一位毛笔字好的同志将“八互”作为贺词写在红缎上。根据邓大姐的意见，题字的同志以“互”字为中心，把“八互”写成半圆，并将“更好地为人民服务”几个字着重写在“八互”右侧。写完后，邓大姐十分高兴，带头在上面签名，随即将这幅贺幛作为礼物送给了郑勤夫妇以表示祝贺。邓大姐强调说：“‘八互’不是目的，‘八互’的目的是让两个人更好地为人民服务。”

如今，这块“八互”贺幛作为历史文物静静地陈列在周恩来邓颖超纪念馆西花厅专题陈列厅中，向我们讲述着一代伟人周恩来与邓颖超的爱情故事。它鞭策着无数对恋人和夫妻乐观地面对生活，经营属于自己的爱情和婚姻。周恩来和邓颖超以他们夫妻的切身体会总结出的“八互”原则，已成为他们之间永不褪色的爱情见证，在21世纪的今天依然具有很强的现实意义，值得人们认真学习和借鉴。

（李　力）

小算盘见证大人物

——周恩来、邓颖超的几张收据

周恩来和邓颖超是全党楷模，他们在战争年代，为了民族的解放和人民的幸福战斗在血雨腥风中；在建国之后，两人身居要职，每时每刻以自己的实际行动践行着中国共产党的优良作风。在周恩来邓颖超纪念馆西花厅辅助陈列厅中展出的几张小小的收据，就是他们严于律己的缩影和见证。

这几张收据包括：西花厅收费统计表、党费收据、吃饭收据、订政协报收据、购买西花厅院内水果付账收条等。说到这几张收据，还要从1955年我国开始实行工资制说起。当年，周总理每月的工资是404.8元，邓颖超是342.7元。在那个年代，他们的工资应该

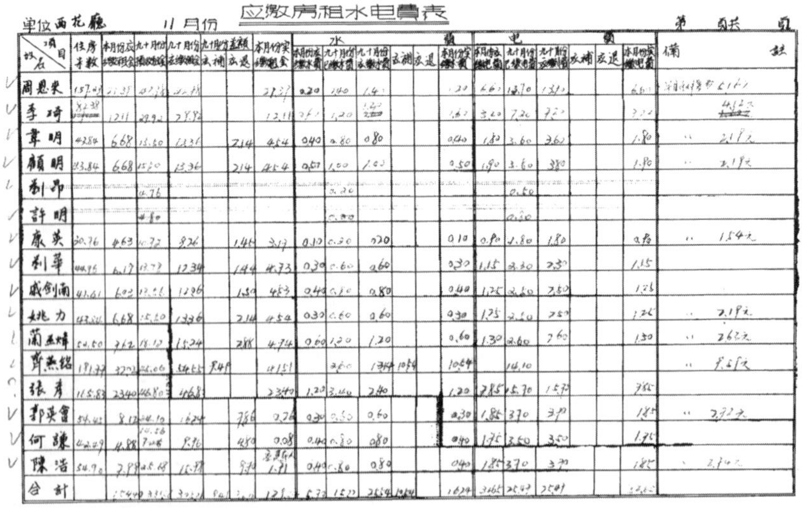

单位西花厅　11月份　应缴房租水电费表　第　页共　页

姓名	住房平数	本月份应缴租金	九十月份预缴租金	九十月份应缴租金	九十月份差额 应补	应退	本月份实缴租金	水费 本月份应缴水费	九十月份已缴水费	九十月份应缴水费	应补	应退	本月份实缴水费	电费 本月份应缴电费	九十月份已缴电费	九十月份应缴电费	应补	应退	本月份实缴电费	备注
周恩来	157.43	21.35	42.78	42.78			21.37	0.20	1.40	1.40			1.20	6.60	13.70	13.70			6.60	[illegible]
李琦	82.38	12.11	29.92	24.92			12.11	[illegible]	1.20	1.20			[illegible]	3.20	7.20	7.20			[illegible]	41.2[illegible]元
章明	43.84	6.68	15.50	13.36		2.14	4.54	0.40	0.80	0.80			0.40	1.80	3.60	3.60			1.80	〃 21.9元
顾明	43.84	6.68	15.20	13.36		2.14	4.54	0.50	1.00	1.03			0.50	1.90	3.60	3.80			1.80	〃 21.9元
刘昂			4.76						0.20						0.50					
许明			4.80						0.80						0.80					
康英	30.76	4.63	10.72	9.26		1.46	3.17	0.10	0.20	0.20			0.10	0.90	1.80	1.80			0.90	〃 15.4元
刘华	44.95	6.17	13.77	12.34		1.44	4.73	0.30	0.60	0.60			0.30	1.15	2.30	2.30			1.15	
戚剑南	41.61	6.02	13.56	12.06		1.50	4.53	0.40	0.80	0.80			0.40	1.25	2.50	2.50			1.25	
姚力	43.84	6.68	15.50	13.36		2.14	4.54	0.30	0.60	0.60			0.30	1.25	2.50	2.50			1.25	〃 21.9元
蒲燕婧	54.50	7.62	18.12	15.24		2.88	4.74	0.60	1.20	1.20			0.60	1.30	2.60	2.60			1.30	〃 26.2元
齐燕铭	191.77	[illegible]	26.00	34.65	8.49		41.51		2.60	13.44	10.84		10.84		14.10					〃 [illegible]元
张彦	115.83	23.40	46.80	46.83			23.40	1.20	[illegible]	2.40			1.20	2.85	5.70	[illegible]			2.85	
郭英会	[illegible]	8.12	24.10	16.24		7.86	0.26	0.30	0.60	0.60			0.30	1.85	3.70	3.70			1.85	〃 23.2元
何谦	42.29	4.88	14.56 7.06	9.76		4.80	0.08	0.40	0.80	0.80			0.40	1.75	3.50	3.50			1.75	
陈浩	54.90	7.89	25.68	15.78		9.90	1.71	0.40	0.80	0.80			0.40	1.85	3.70	3.70			1.85	〃 23.4元
合计		154.40	[illegible]	[illegible]	[illegible]	[illegible]	[illegible]	[illegible]	15.20	25.54	10.84		16.24	31.65	[illegible]	[illegible]			[illegible]	

西花厅的“应缴房租水电费表”

算是很高的了。周恩来和邓颖超的工资放在一起，由警卫秘书代为管理。

和普通老百姓一样，他们吃的、穿的、用的，每一样东西都从工资里支出，就连房租、水电费也不例外。在1955年11月的西花厅“应缴房租水电费表”里，周恩来的名字和其他工作人员一样，列在表中，按使用量的多少，按时缴纳房租水电费，谁也不能搞特殊。从这张统计表中我们还会发现一个细节，周恩来的住房与其他住在西花厅工作人员的房间面积相比不是最大的，而他所缴的电费是最高的，原因是他经常夜以继日地办公。邓小平曾经说过：“周总理是一生勤勤恳恳、任劳任怨工作的人。他一天的工作时间总超过十二小时，有时在十六小时以上，一生如此。”这张统计表在见证周总理严于律己的同时，也见证了他的辛苦和操劳。

吃饭付款、订报交费对于普通人来说是平常之事。周恩来、邓颖超身为党和国家领导人，每天有很多大事要事处理，但当他们处理这些日常小事的时候，仍然十分谨慎、认真，同时他们对身边的工作人员就此类事更是特别强调、经常叮嘱。在一张1966年周恩来在北京第二外国语学院用餐后付费的收据上，可以清晰地看到修改过的痕迹。1966年7月28日，周恩来到北京第二外国语学院参加学生们的座谈会。会后他步入学校食堂，与同学们同桌就餐。周

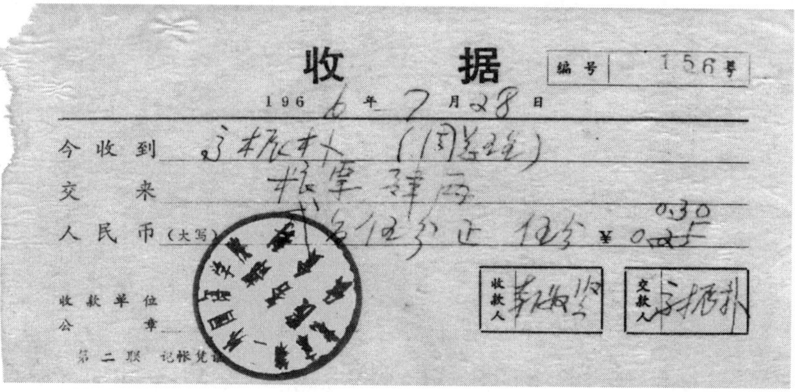
收据　编号 156号

196 6 年 7 月 28 日

今收到

交来

人民币（大写）　¥ 0.30

收款单位公章　收款人　交款人

第二联　记帐凭证

1966年7月28日，周恩来在北京第二外国语学院吃饭后开的收据

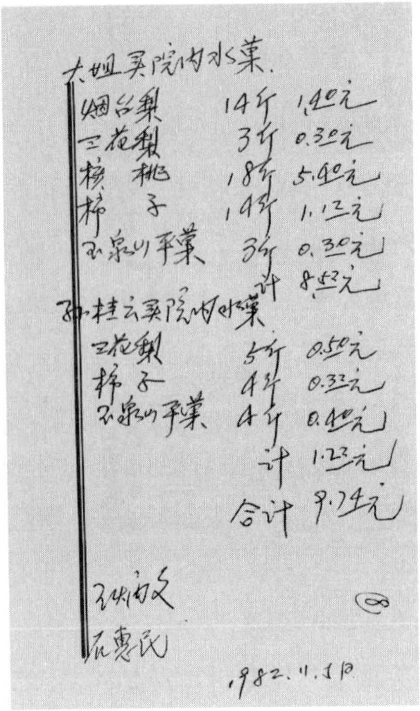

大姐买院内水菓

烟台梨	14斤	1.40元
三花梨	3斤	0.30元
核桃	18斤	5.40元
柿子	14斤	1.12元
玉泉山苹菓	3斤	0.30元
	计	8.52元

孙桂云买院内水菓

三花梨	5斤	0.50元
柿子	4斤	0.32元
玉泉山苹菓	4斤	0.40元
	计	1.22元
	合计	9.74元

1982.11.5日

1982年11月5日，邓颖超购买西花厅院内水果的收据

总理的卫士按照惯例，拿着钱找食堂的工作人员交费、开收据。总理用餐过程中，食堂师傅又送来一碗葱花汤，总理见汤已经做好了，便没说什么。不一会儿，总理的卫士找到炊事员，一定要把那碗汤钱交给食堂，并且要修改收据。炊事员解释说："不必交钱了。"卫士不容分说："不行！总理回去之后，要查问的！"就这样，炊事员收下了5分钱，将收据上的2角5分，改成了3角。周恩来就是这样严谨和细致。邓颖超也不例外，她订政协报的缴费收据和购买西花厅院内水果的付账收条就可以说明这一点，收条这样写道：

大姐买院内水果：

烟台梨	14斤	1.40元
三花梨	3斤	0.30元
核桃	18斤	5.40元
柿子	14斤	1.12元
玉泉山苹果	3斤	0.30元
		计8.52元

……

这一切都向我们无声地诉说着总理和大姐的严于律己。

在西花厅的前院有一个"水榭"，虽然说是"水"榭，在周总理和邓大姐住进西花厅时，水池里并没有水。为了节约用水，周总理不让蓄水，所以那里始终是一个干枯的土坑。1958年“大跃进”期间，邓大姐提议，让办公室的同志们利用坑内的土地种上豆角、丝瓜等各种蔬菜，收获了以后，也可以给同志们作生活补给。有时，大家把摘下的菜送到厨房，请大师傅做好了送给总理和大姐吃，但总理和大姐坚持吃菜一定要给钱。在他们看来西花厅属于国家，所以在西花厅里种出的“收成”还是属于国家的，要吃就要花钱买。而且，通过收据上的记录，还可以计算出他们当年所付的价格是按照市场价购买的。周恩来和邓颖超生活俭朴，除正常开支外其余的钱都积攒下来。每攒到几千块钱，就交“特殊”党费。在纪念馆里就珍藏着其中一张党费收据，日期是1969年，数额高达3000元。

像这样的收据，周总理和邓颖超留下的有上万张，今天我们介绍的这几张小小的收据只是冰山一角。在这个世界上，他们没有留下任何财产，但却为中华民族留下了无尽的精神财富，想必这也是两位伟人去世多年后，还有这么多的人怀念他们的原因吧！

（王乃嘉）

勤俭节约话朴素

——周恩来日常节约的点点滴滴

作为一国的总理，周恩来在生活上十分节俭。无论是在战争年代还是在和平环境中，他几十年如一日，始终保持着一个无产阶级革命家勤俭节约、艰苦朴素的崇高本色。他是“世界上最朴素的总理”：他的一双皮鞋，一穿就是十多年；他的几双棉线袜，补了又补；他的一块上海牌手表，一戴就是15年。在周恩来邓颖超纪念馆里陈列着一些周总理用过的物品和穿过的衣服，这些就是确凿的例证。

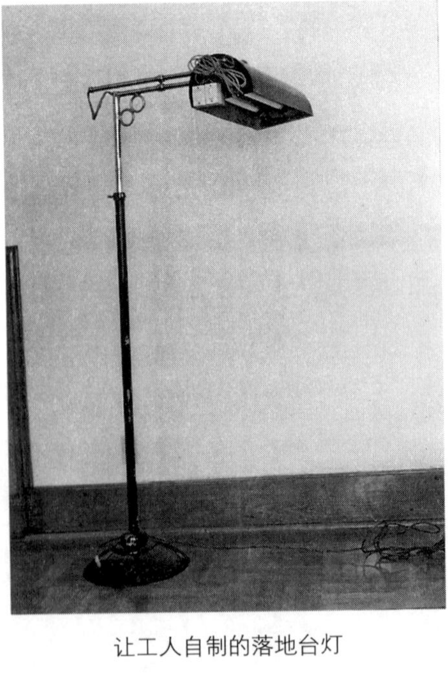
让工人自制的落地台灯

在周总理的办公室和卧室里有两盏自制的台灯。身为一国总理，周恩来不仅白天工作繁忙，到了夜里也经常工作到很晚，有时甚至通宵不眠。夜间工作自然需要用到台灯，原有的一盏台灯有三个灯泡，这种灯泡的度数较大，办公时间长了，灯下的温度会变高，尤其到了夏天，会有一种灼烧的感觉。于是工作人员想给总理换一个又亮又不会太热的日光灯，考虑到如果给总理到工厂专门做一盏台灯，就要专门开模具，有点铺张浪费，也不符合总理一贯艰苦朴素的风格。于是，请来了中南海机关部门的电工和铁匠师傅，用水管、洋铁皮加工焊接，自制成了两盏台灯，一盏摆放在周总理的办公室会议桌上，另一盏落地台灯则摆放在周总理的卧室中。这两盏极其普通的台灯一直陪伴着周总理，直到总理病重住进三〇五医院。

周恩来使用过的提盒

在周恩来邓颖超纪念馆复原的西花厅里陈列着一套周总理使用过的提盒，这套提盒是由两套提盒剩下的好的部分拼凑而成的。"文革" 时期，周总理经常通宵达旦地接见 "造反派" 代表，一谈就是几个小时，往往不能按时吃饭。于是工作人员就在提盒内放上热水，把菜盘放在上面温着，水凉了再换热水，几乎每顿饭都要温上好几次。

西花厅的展柜里还陈列着一件周恩来穿过的白衬衫。在我们的印象中，周总理总是那样风度翩翩，仪表堂堂。殊不知，他仅有的几套衣服大都穿了几十年。在1954年日内瓦会议期间，总理要到气候炎热的印度访问，就在瑞士买了两件衬衣，当时每件衬衣都有备用的领子，他觉得很好，说道："衬衣的领子、袖口最容易破，如果换上备用的，就可以接着穿了，我们应该借鉴。" 于是，周总理每次做衬衣时，他都要求工作人员多买几尺布，做出备用的领子和袖口。这样，周总理的衬衣一穿就是很多年。1963年，周总理出访亚非欧十四国前，又添置了几件衬衣，之后再也没有添置过，只更换领子和袖口。

周恩来穿过的衬衣及备用的领子和袖口

周恩来总理每次出国访问都带着一些常用的衣物。有一次，周总理到埃及访问，当时的中国驻埃及共和国大使是陈家康，他的夫人徐克立在给周恩来洗衣服时，看到总理竟穿着如此破旧的衣服，心里非常难过。她一边洗一边生气，心想，为什么总理的衣服都穿成这个样子还不给换新的？徐克立带着洗好的衣服来到宾馆，抖开周总理的衣服，朝着卫士长成元功大动肝火："你看看，你都看看！这种旧衣服，连我们使馆的工作人员都没有人再穿了，你们就让总理穿这样的衣服？太不像话了！我们要给总理做衣服！"成元功苦笑着说："难道我们不想给他做新衣服吗？可你能说服得了他吗？"徐克立听后气呼呼地从包里拿出三件在国外买的新衬衣，递给成元功说："我和陈家康用自己的钱买了三件衬衫。我们知道总理的习惯，这花的不是公家的钱，是我们送他的，还不行吗？"成元功说："我们去说，总理肯定不会听的，最好你自己去给总理说吧！"徐克立拿着衬衣去找周恩来，当面向周恩来提出了她的意见。周恩来听后，笑了笑说："破一点儿也能穿嘛！"可是徐克立坚持要周总理把衬衣留下，她诚恳地说："这三件衬衣，交给成元功带上。如果用不着，回北京再退给我。”成元功只好代周总理收下了衬衣。后来衬衣带回国后，周恩来也始终没有穿。

艰苦朴素，厉行节约，是周总理一贯坚持的行为准则。身为党和国家的领导人，曾为国家建立过巨大的功勋，而自己却始终保持着艰苦朴素的作风，从不多花国家一分钱。周恩来是当之无愧的人民总理、党风楷模！

（郭秋朋）

画之有物　意蕴深长

——国画《周总理的睡衣》

国画《周总理的睡衣》

在周恩来邓颖超纪念馆西花厅复原陈列的小客厅西墙上，悬挂着一幅国画《周总理的睡衣》。每当游人参观到这里，都会驻足欣赏。它不禁使人思绪万千，更是把人们的记忆又带回到童年，带回到小学课本的《邓妈妈补睡衣》中，耳边不时又回响起那朗朗的读书声："邓妈妈七十多岁了。她戴着花镜，安详地坐在椅子上，给敬爱的周总理补睡衣。睡衣上已经有好几个补丁了。这一回，邓妈妈又穿上了线，右手捏着针略略抬起，左手在熟练地打结。她是多么认真啊。一位年轻的护士，双手捧着这件睡衣，望着补丁上又匀又细的针脚，眼睛湿润了。"此情此景，引起人们对周总理的无限思念！

这幅国画由著名军旅画家华克雄创作。从画作的构图和创作技法来看，整个画面简洁大方，笔力遒劲，画工深厚，构思巧妙，所选表现角度新颖，笔意俱全。画名虽为《周总理的睡衣》，但却看不到周总理的影子，只有邓颖超安详地坐在椅子上，手拿针线，正准备补放在膝盖上的睡衣，邓颖超的左手边，蹲坐着一位女护士，手捧睡衣的衣袖，表现出无限感慨。在构思上与北宋时期“深山藏古寺”的典故有异曲同工之妙，堪称人物画意境渲染的佳作，让人不禁怀念起周总理那艰苦朴素的高大形象和他们夫妇二人的深厚感情。

这幅国画创作时间为1977年。1976年1月8日，周恩来与世长辞，全国人民无比悲痛。由于当时“文革”还没有结束，“四人帮”横行，人民群众怀念总理的活动受到压制。当“四人帮”被粉碎后，人民长时间被压抑的情感瞬时爆发了，纷纷以各种方式欢庆这一胜利，并在周恩来逝世一周年之际，在中国革命博物馆举办了“周恩来生前文物展”。华克雄参观该展览后，被震撼了，心情久久不能平静。以前在影视片中见到周恩来都是风度翩翩，潇洒倜傥的，可不为外界所知的是总理竟如此的艰苦朴素，他的衣服穿破后，补了又补，衬衣上落满了大大小小的补丁，有的衬衣已经旧得换了袖口、领子，一件衣服甚至补得颜色都已经不一样了。即使是作为“礼服”的外衣也由手艺精湛的针线师傅织补得完好如初，仍然在穿。而在这些展品中，给华克雄印象最深的还是周恩来的一件蓝宽白条睡衣。这件睡衣是供给制时组织上发给总理的，周恩来穿了二十多年，破了补，补了再补，当别人要求他换新的时候，他总是说：“旧的还可以再穿。”已经磨得无绒了，仍舍不得丢掉。到他临终时，这件睡衣能数出来的补丁已达十几处。这激发了华克雄的艺术创作灵感和激情，不久他便以周恩来穿过的这件睡衣为题材，怀着无比崇敬的心情创作了国画《周总理的睡衣》。1977年10月30日，《光明日报》刊出这幅佳作，令无数中国人感动，引起了社会的强烈反响和广泛共鸣。

1977年，天津筹建周恩来同志青年时代在津革命活动纪念馆，纪念馆的工作人员找到画家华克雄，向他表示希望征集该作

纪念馆藏有的周恩来穿过的睡衣

品。对总理有着深厚感情的华克雄欣然同意，并将这幅作品捐赠了出来。1978年，他还把自己创作的同样内容的另一幅作品赠送给了邓颖超。邓颖超也十分喜爱，把它挂在中南海西花厅小客厅的西墙上，并把家中收藏的一方古砚和墨回赠给华克雄。1998年，周恩来同志青年时代在津革命活动纪念馆并入新建成的周恩来邓颖超纪念馆，该画作成为纪念馆的馆藏。2008年，为纪念周恩来诞辰110周年，周恩来邓颖超纪念馆按照同比例仿建了中南海西花厅，并在复原陈列中将这幅举世闻名的国画《周总理的睡衣》挂在了小客厅的西墙上，供世人参观。如今它在纪念馆里静静地向观众诉说着周恩来艰苦朴素的崇高精神和优良作风，记载着人民对周总理的无比怀念和崇敬！

（庞　跃）

天地同在日月辉

——一个骨灰盒的故事

1976年1月8日，人民的好总理周恩来，闭上了他那双充满智慧、充满温暖、充满慈爱的眼睛，与我们永别了！

群山肃立，江河归泪。辽阔的祖国大地沉浸在巨大的悲痛之中。亿万人民失去了一位开国总理，而对于邓颖超来说，更是失去了丈夫、同志、战友。

在总理逝世的当天，邓颖超向中共中央提出了周恩来生前的最后一个心愿：遗体解剖后火化，骨灰撒掉。

早在1956年的中央工作会议倡议实行火葬时，周总理就带头响应。60年代后期他又在国务院的一次会议上说："人死后为什么一定要保留骨灰呢？把它撒到地里可以做肥料，撒在水里可以做饲料喂鱼。这样一来，人死后不仅不浪费一寸土地资源，遗体还可以做一点贡献。"于是，他和邓颖超相互保证，死后把骨灰撒掉。

先后盛放过周恩来、邓颖超骨灰的骨灰盒

总理逝世后，其身边的工作人员到八宝山选购骨灰盒。曾经有人提议用大理石、楠木、进口红木等多种方案，但都被邓颖超否决了。她说："恩来生前一直要求自己生活水平不要高于人民群众，我们不能违

背他的遗愿，他的骨灰盒选择一个普通的就行了。”于是，工作人员便选择了一个普普通通的骨灰盒，这个骨灰盒并不是为总理去世专门定做的。回去后，他们向邓大姐报告了事情的经过。邓大姐把骨灰盒的好与不好看得很轻，她说：“装一下骨灰，没必要那么讲究，”并强调，“恩来用完后。把盒子拿回家来，保存着。等我死后，也用这个骨灰盒。”

1月15日下午，周总理的追悼大会在人民大会堂举行。这一刻的邓颖超特别坚强，她身着一套几十年前做的黑色旧西装，一个人坚强地站在家属的位置上，虽然泪水从她脸上不停地往下淌，但她没有哭出一声。她坚强悲伤的面孔，显现出的是一个老革命者非同寻常的坚毅。默哀完毕后，邓颖超打开骨灰盒，用颤抖的双手捧起骨灰眼含热泪缓缓说道：“恩来，你的愿望实现了，你安息吧！”

15日晚至次日凌晨，周恩来的骨灰由西花厅党支部工作人员乘一架小型农用飞机撒向北京上空、密云水库、天津海河和黄河入海口4处。飞机起飞时，邓颖超久久地站在寒冷的黑夜里，目送飞机渐渐消失直至无影无踪，与周恩来做最后的告别。

此后，邓颖超一直珍藏着这个骨灰盒，每年清明节都把它拿出来，亲手擦一擦，晾一晾，以寄托对总理的思念。这期间，邓颖超几次讲，她死后就用这个骨灰盒，不要再买新的，不要浪费国家的钱。

1982年，淡然面对生死的邓颖超早早写下遗嘱，对自己的身后事提出几点意见：遗体解剖后火化，骨灰不保留，不搞遗体告别，不开追悼会。邓颖超的遗嘱十分简短，但精炼如金。从那一条条简洁而明了的嘱托中，我们看到了一位伟大的无产阶级革命家的博大胸怀，对死表现出的豁达态度。邓颖超晚年在谈话时常常谈到生死，她说：“一个人的生老病死是人之常情，是谁也避免不了，逃不掉的。”

1992年7月11日，邓颖超在平静中停止了呼吸。遵照她的遗愿，工作人员用同一个骨灰盒把邓颖超的骨灰带回了她的第二故乡——天津，将骨灰全部撒入了海河入海口。

两位伟人虽已逝去，但他们的身影遍布祖国的江河大地，他们将永远和我们在一起。如今，这个小小的骨灰盒静静地陈列在纪念馆，仿佛向我们诉说着一个个历久弥新的故事。

（曹　筠）

一针一线赋深情

——珍贵的丝棉袄

在周恩来邓颖超纪念馆的展厅里陈列着一件珍贵的丝棉袄，它凝结着天津天虹服装厂的73名工人对邓颖超的深厚情谊。

1976年春节前夕，西花厅失去了男主人伟岸的身影，无儿无女的邓大姐将独自面对失去亲人的冷清。然而人民没有忘记周总理，也没有忘记孑然一身的邓大姐。春节前夕，邓颖超收到了一个来自她和周恩来的第二故乡天津的包裹。这是天津天虹服装厂的73名工人给邓大姐亲手缝制的一个小棉袄。他们用自己的方式，表达了对这位年逾古稀的老人的关心和敬爱。

1985年，邓颖超在西花厅穿着丝棉袄的照片

原来，周总理逝世后，天津天虹服装厂的73名工人从电视中看到无儿无女的邓大姐独自为总理守灵的情景，他们的心都要碎了。大家思忖着，怎样才能安慰亲爱的邓妈妈呢？春节前正是服装厂大忙的时节，正在日夜赶活的工人们心里却一直惦记着刚刚失去亲人的邓妈妈。“我们是服装厂的工人，做一件棉袄交给邓妈妈怎么样？”工人们终于想出了一个好主意。俗话说，“女儿是妈妈的贴心小棉袄”，周总理和邓妈妈为革命奋斗了一辈子，却没有一个亲生子女。想到这里，他们决定为邓颖超做一件丝棉袄，以此来安慰悲痛中的邓颖超。这个主意得到了服装厂73名工人的一致赞同，于是他们自发凑钱买来了布料和丝绵。方案确定了，实施起来却犯难了，做服装讲究的是量体裁衣，可邓妈妈不在身边怎么办？大家想起了在电视中看到的邓颖超，估量了她的身材，又找到她和总理在一起的照片。厂里有四十多年裁剪经验的老师傅凭着感觉、经验和高超的技艺，画出了裁剪图，又由专门做便服的师傅裁剪。最后，73名青年工人一针一线连夜赶制，终于把棉袄做了出来。他们是多么想让邓妈妈春节时能穿上这件新棉袄呀！

棉袄做好了，但如何送到北京呢？当时正是“四人帮”猖獗的时候，任何东西要寄到中南海，难度之大是可想而知的。经过再三研究，大家决定将包裹寄到人民日报社，请他们转交给邓颖超。就这样几经周折，终于把包裹寄到了北京，送到了邓颖超的手中。

邓颖超打开包裹一看，是一件细针密线缝制的丝棉袄，中间还夹着一封信，信中这样说：“敬爱的老妈妈，您穿上这件棉衣就感到我们在您的身旁，全中国的青年都在您的身旁。”邓颖超看后，非常感动。但是她一向不收礼，怎么办呢？因为如果将这件棉袄退回去，一定会伤了这73名工人的心，于是她决定收下这份真诚的礼物，并给工人们回了封信，信中说棉袄已收到。“真是穿在身上，

纪念馆展出的丝棉袄

暖在心里，寄给你们叁拾元作为衣服的成本费。这笔钱如不好处理，可作为购买学习书籍和用品。”

几年以后，这件棉袄虽然穿破了，但是邓颖超仍十分珍爱它，舍不得扔掉，就又请来师傅换了新的棉袄里，继续穿着它。邓颖超穿着这件棉衣，过了两个冬天，穿着它出席了党的十一届三中全会，还穿着它会见过很多外国友人和亲朋好友。

73名青年的真挚爱心永远温暖着邓妈妈的心！

1984年，邓颖超利用到天津视察的机会，专门会见了这73名工人。她高兴地拉着他们的手说：“八年前，你们给我寄来一件非常珍贵、充满着深厚情谊的丝棉袄。那件棉衣鼓舞着我，给我带来了极大的温暖，极大的安慰，极大的激励。虽然当时我们没有见面，但心是彼此相通的。这八年来我常常想，如果我到了天津，只要有时间，就必须看望你们，以表示我对你们的感谢。今天，我们终于见面了。那件丝棉袄是你们一针一线为我缝制的，我把它看作是极其珍贵的纪念品。所以今天见到你们，就不只是心心相通了，而是要和一针一线为我缝制棉衣的你们每个人握手，以表示感谢。”在场的同志听到后无不感动得热泪盈眶。

1992年7月11日，邓颖超同志在北京逝世。根据邓颖超的遗嘱，骨灰全部撒向了她和周恩来的第二故乡——天津海河的入海口。运送邓颖超骨灰的那天，天津人民老老少少自发地伫立街旁，目送敬爱的邓大姐。在北马路，天虹服装厂的数十名工人身着素服，胸佩白花，臂戴黑纱高举书写着“73名天虹服装厂工人怀念您”的白底黑字的横标，手擎着邓妈妈生前接见他们的合影和邓妈妈给他们的亲笔题词“当代青年在建设有中国特色的社会主义中，要有所为，有所好为，有所大为！”心情无比悲痛地为邓妈妈送行。当载着敬爱的邓妈妈骨灰的灵车徐徐通过北马路的时候，他们再也抑制不住内心的悲痛，热泪盈眶，这些当年为邓妈妈做棉衣的工人从内心发出一个共同的声音，邓妈妈，再看我们一眼吧，海河儿女想念您！

如今，这件棉袄被珍藏在周恩来邓颖超纪念馆中，静静地躺在它最初的地方。也许它早已失去了邓大姐的体温，但它留下了天津青年与邓大姐之间的殷殷深情！

（韩丽倩）

鸾凤恋津门　海河共思念

——周恩来邓颖超纪念馆建立在天津的原因

初到天津的游客在参观周恩来邓颖超纪念馆时总会产生这样的疑问：周恩来祖籍浙江绍兴，生于江苏淮安，他的伴侣邓颖超祖籍河南光山，生于广西南宁。那么，这座目前世界上唯一的一座伟人夫妻纪念馆，为什么要建在天津？周总理和邓大姐与天津又有什么渊源呢？

其实对于了解周恩来和邓颖超成长经历的人来说，回答这一问题并不难，归结起来的缘由就是一个“情”字，即总理与大姐对天津

周恩来邓颖超纪念馆主体建筑

的依恋、关心之“情”与海河儿女对总理和大姐的缅怀崇敬之“情”。

周恩来和邓颖超的成长与天津息息相关，两位伟人的青少年时代都是在天津度过的。在这里他们求学、生活、相识、相知、相爱，并共同走上革命道路。

1913年，周恩来随伯父来到天津，考入闻名全国的南开学校。在南开接受的四年现代先进教育使他的思想不断进步，各方面的能力得到了锻炼，学识得到了丰富，为他以后走上革命道路奠定了坚实的基础。1919年4月，他留日归国回到天津，不久即投入到轰轰烈烈的“五四运动”中。在津期间，由他创办主编《天津学生联合会报》，“天天到南开去”，紧密配合斗争形势，以“飞飞”“翔宇”等笔名大量发表文章，并很快成为天津学生运动的领导者。1919年9月16日，在周恩来主持下，天津学生联合会和女界爱国同志会的骨干20人成立了觉悟社，团结了天津学生运动的一批重要骨干。9月25日，周恩来进入新成立的南开大学。虽然进入大学，但他仍然将全部精力投入到爱国学生运动中。1920年1月29日，周恩来在抗议军阀政府镇压反帝爱国运动，带领数千名学生赴直隶省公署请愿时被捕，经过觉悟社成员的合法斗争与斡旋，周恩来等最后获释。被释放后，他又积极推动、组织觉悟社同李大钊领导的少年中国学会、青年互助团、曙光社、人道社等四团体联合，共同进行改造社会、拯救国家的斗争。同年11月，周恩来获南开“范孙奖学金”赴法勤工俭学。旅欧期间，他依然与天津保持着密切联系，在天津《益世报》上发表文章，介绍西欧的工人运动、学生运动和时事政治。

1910年，邓颖超比周恩来早3年来到天津，当时她只有6岁。在这里，志向远大的她接受了良好的教育，受到了新思潮的深刻影响。她与周恩来在这里相识，共同领导学生运动，创建觉悟社、宣传革命思想。在周恩来旅欧期间，身在天津的邓颖超仍与周恩来保持着密切的书信往来，他们交流思想、畅想未来、相互交流国内外情况，逐渐相知、相恋。直到1925年7月，邓颖超赴广州与周恩来

结为革命伴侣，邓颖超在天津学习、工作、生活了12年。她在这里开启了革命生涯，并成为一名真正的马克思主义者。漫步天津，至今仍能发现她过去留下的痕迹：直隶女师里保存着她苦读学习的印记，天津街头留下了她讲演游行的身影，觉悟社和女星社里洒下了她宣传革命与进步思想的汗水，达仁女校里至今仍回荡着她执教上课的声音……

周恩来曾多次指出天津是他“青年时代的故乡”，邓颖超也说：“我6岁到天津，生活了十来年，算是半个天津人吧！”两位伟人始终对天津有着特殊的感情，把天津当作自己的第二故乡。1976年和1992年，周恩来和邓颖超先后逝世。遵照他们的遗愿，周总理的四分之一骨灰和邓大姐的全部骨灰被撒入了天津海河。自此，天津成为了他们革命生涯的起始点和归宿地，成为他们共同的心系之所和魂归之处。

周恩来、邓颖超与天津的渊源可谓千丝万缕，难以说尽。海河儿女也永远无法忘记总理和大姐，他们以各种方式纪念着两位伟人：南开大学矗立着周恩来的汉白玉雕像，觉悟社旧址保存至今……为了表达天津人民对周恩来和邓颖超两位伟人的深切怀念，中共天津市委、市政府决定并报请中共中央批准，于1998年周恩来诞辰100周年之际，在风景秀丽的水上公园旁边建立了这座目前世界上唯一的一座伟人夫妻纪念馆。可以说，周恩来邓颖超纪念馆作为缅怀两位伟人崇高品格、研究他们的生平思想、展示他们的丰功伟绩、继承他们的革命遗志、弘扬他们的革命精神的重要场所，建立在天津是历史的选择、更是天津人民的共同愿望。

（蒋金梁）

一片丹心寄深情

——访周恩来身边工作人员李学文

在天津市南京路上一幢普通的宿舍楼中曾住着一位年逾八旬的老人。老人名叫李学文，当年曾在周总理身边工作了整整6个年头，两年前已故去。当人们深切悼念敬爱的周总理逝世37周年之际，李老与总理的故事又被回忆起来。

李老第一次见到周恩来是在1939年。当时周恩来被称作周副主席，李老还只是一个12岁的娃娃。第二年春天，在重庆曾家岩50号，李学文正式来到周副主席身边工作。从此，这个陕北华县贫苦农家出身的放羊娃不仅走上了革命道路，也得到了周副主席和邓大

李学文老人在周恩来邓颖超纪念馆奠基开工典礼上

姐严父慈母般的关怀。

一次，李学文身患疟疾，生命垂危，周副主席让司机开车将他送到医院进行抢救。在一个雨天，周副主席和邓大姐打着雨伞步行到医院看望病中的李学文。周副主席用充满慈爱的口吻叮嘱李学文不要想家，要安心养病。小小年纪的李学文感动得失声痛哭，他说："就是亲爹亲妈也没有周副主席待我这么好。"

在这个革命大家庭里，在周副主席的关怀下，李学文成长起来，提高了觉悟，也增长了见识。李老曾目睹过重庆谈判期间毛主席不顾个人安危，亲赴重庆谈判的惊人之勇，也见到过许多来周公馆探访的文化名人及国民党要人。1946年11月，国共谈判破裂，周副主席以他的远见认识到国民党反动统治行将覆灭，新中国的建立指日可待。他找到李学文，语重心长地说："小李，你还年轻，虽然我这里的工作需要你，但你更需要学习一项专长，将来为新中国经济建设服务。"就这样，李学文带着周副主席的期望，走进了设立在西柏坡的晋察冀边区商科职业学校。在以后的四十余年间，李老一直从事财会工作，直到1991年离休。

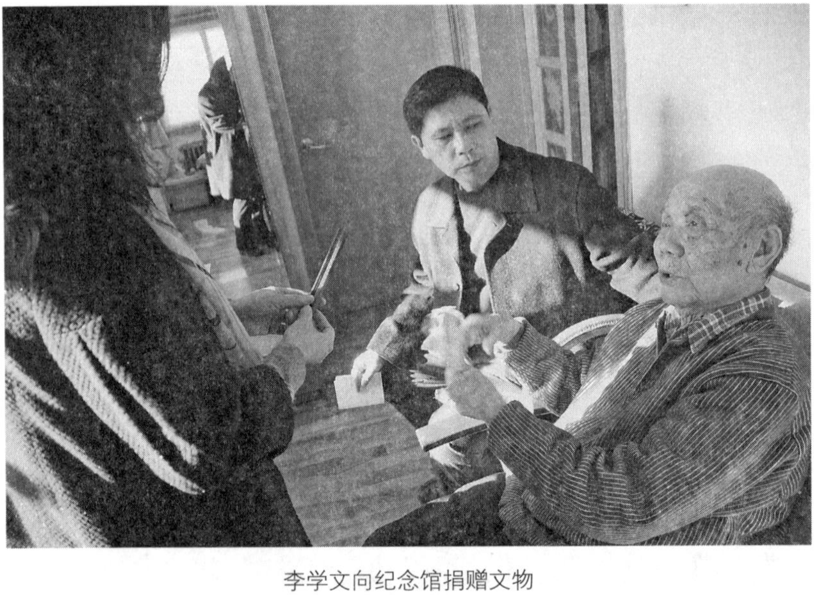

李学文向纪念馆捐赠文物

李老最忘不了的还是37年前那个寒冷的冬日，他与在津的朱德委员长的儿媳妇赵力平、曾任周恩来警卫员的张福群、王还寿等人一起，冲破重重阻力，乘火车来到北京参加周总理遗体告别这件事。1月11日他们到北京后才知道没有治丧委员会的许可，不能到北京医院去向周总理的遗体告别。大家不由焦急起来，李老急中生智，想起了当年同在周恩来身边工作过的童小鹏，便拿起电话打了过去。当童小鹏听说他们从天津冲破阻力来到北京时，感到惊喜，说："你们真是天不怕地不怕，真不愧是革命战士，不减当年之勇啊！"李老说："怕死就不来啦！"小鹏同志表示赞许，他告诉李老："这样吧，我想个办法。你把在北京的住处告诉我，我尽量设法给你们送证明！"当天下午，李老就收到童小鹏送来的证明，赶到治丧委员会登记，然后直奔北京医院的灵堂与周总理的遗体告别。

随后，他们与成千上万的首都人民一起守候在长安街头，目送周总理的灵车远去。十里长街送总理，万众肃立心相随。李老说那天的天气极冷，一片阴霾，人们多么希望敬爱的周总理并没有走，希望他仍生活在爱戴他的人民中间！

对总理深厚的感情使李老下定决心，一定要在北京参加追悼会，就是开除党籍也不怕。终于在1月15日，李老参加了总理的追悼会。李老时常说他自己不仅在走上革命道路之初得到两位伟人的关怀，而且在以后的岁月中仍时时能感受到这种关怀。1984年，邓颖超来天津时还与他们一家三代合影留念，并关切地询问了李老一家的学习、工作、生活情况，他对总理和大姐的感情是不能用言语表达的。

1996年，在得知天津要筹建周恩来邓颖超纪念馆的消息后，李老的心情无比激动。在纪念馆奠基仪式上，李老作为在津的周恩来、邓颖超身边的工作人员，受到周恩来邓颖超纪念馆建馆领导小组的邀请，并亲手为工程奠基培土。他希望周恩来邓颖超纪念馆能高标准、高质量、高速度早日建成，也希望各行各业的人们对之倾注更多的关心。1997年7月8日，李老联合在津的朱旭明、郭岑山、李振英三位离休老红军、老八路向周恩来邓颖超纪念馆捐款，表达对周恩来、邓颖超的深厚感情，为纪念馆贡献自己的一份力量。李老还建议有关部门建立周恩来邓颖超早期思想研究会，使后人能够更准确、更全面地学习两位伟人的崇高思想和品德。2011年，李老在人生的最后时刻，将自己珍藏多年的与周恩来和邓颖超有关的照片、通信等物品捐赠给了纪念馆，供更多的人瞻仰、学习。

李老一生对总理和邓大姐有着深厚的感情，如今他虽已故去，但他对总理和邓大姐的缅怀和思念也代表了中国人民对两位伟人的热爱。周恩来与邓颖超的名字将永远铭刻在广大人民群众的心中。

（吴金玉）

高山仰止　云海低垂

——有感于艺术作品《情满江山》和《海阔云舒》

周恩来和邓颖超是一对伟人夫妇，他们又都以自己的伟大人格魅力赢得了全中国人民以及各国友人的热爱与崇敬。在中国，很多地方都有纪念他们的场所。周恩来邓颖超纪念馆，则是世界上唯一一座纪念这对伟人夫妇的纪念馆。

周恩来邓颖超纪念馆中不但史料翔实，文物众多，而且在这里还可以欣赏到一些精美绝伦的艺术品。这些艺术珍品不仅给参观

汉白玉雕像《情满江山》和巨型壁毯《海阔云舒》

者以视觉上的享受，还让人在欣赏的过程中，不由自主地融入到某个特定的历史背景或是一种特殊的意境之中。尤其是《情满江山》和《海阔云舒》两件艺术作品，运用写实与浪漫主义相结合的表现方法衬托出两位伟人的博大胸怀。

进入瞻仰厅，首先映入人们眼帘的正是《情满江山》。它是由我国著名的雕塑家潘鹤先生创作的、刻画两位伟人的汉白玉雕像，通高四米。作者潘鹤曾多次为各地的纪念场所制作雕像，因此在制作伟人雕像方面有着独到的见解。美术家李正天曾评价潘鹤说："潘老师不但是一个艺术家，而且是一个思想家和哲学家。"潘鹤的雕塑作品不仅仅只有一个形象，而是深藏灵魂。此次创作的《情满江山》是作者以新中国成立后的周恩来、邓颖超的形象为创作原型，以写实和写意相结合的手法，融合了自己内心的感受和对伟人的敬仰创作而成。雕像形象高度概括，具备一种雄浑、厚重、朴素的艺术风格，表现出浓郁的永恒之感。因而每每看到这个作品时，人们总会在内心深处产生一种无以名状的激动和震撼。

细细端详这尊雕像，两位伟人那慈祥端庄的神情，那眉宇间透

观众在周恩来邓颖超汉白玉雕像前献花

出的殷殷期盼，仿佛在诉说着他们对神州大地的深深眷恋以及对华夏儿女的无限挚爱。纵观周恩来和邓颖超波澜壮阔的一生，他们为了革命事业的胜利、为了新中国的诞生、为了国家的繁荣昌盛、为了百姓的安居乐业呕心沥血，始终把自己的命运、自己的情感与民族的振兴、国家的富强、百姓的幸福紧紧地联系在一起。他们对祖国、对人民的爱融汇于天地之间，"情满江山" 这四个字正是他们光辉一生的真实写照。

在这尊雕像的背后是一幅大型彩色艺术品，如果没有讲解员的解说，人们通常会认为这是一幅彩绘。其实它是一幅由纯羊毛手工编织而成的巨型壁毯，名为《海阔云舒》。它是由中央美术学院教授周令钊夫妇设计而成的。周令钊教授不仅是开国大典时天安门城楼上毛主席像的画作者，还是第二、三、四套人民币的图案设计者，并参与了国徽、团徽等许多国家级标志的设计，因而被亲切地誉为 "国家名片" 的设计者。在设计这幅壁毯的时候，周恩来邓颖超纪念馆的相关领导先请周老到馆内看了现场，周老回到北京后画出小样，放大后，请工人根据小样设计织成壁毯。据周老回忆说："为什么要设计成蓝天与大海呢？一是表现周总理开阔的心胸，二是周总理的骨灰撒进了大海，象征着永恒。"

提到这幅壁毯的编织工作，可以说是天津人民的骄傲，因为它是天津地毯十四厂织造的。天津的地毯制造业有着悠久的历史，地毯产量占全国的40%以上，是全国重要的地毯产业基地，产品有九大系列，上千个花色品种。曾创作出两幅巨作：一幅为《万里长城》，被世界气象组织收藏；另一幅就是这块《海阔云舒》，它高八米，宽十五米，因面积最大而荣获吉尼斯世界之最。《海阔云舒》以那浩瀚的大海和舒缓的云海，寓意着伟人博大的情怀和人们对伟人不尽的思念。

《情满江山》配以《海阔云舒》，两者相互衬托，浑然一体，塑造出两位伟人屹立在高山之巅，俯瞰碧海的宏大磅礴；面对碧海蓝天，两位伟人回顾峥嵘岁月，瞻望美好未来，对祖国的明天充满了无限希望。

如果说比起浩瀚的海洋，更为辽阔的是无垠的天空；那么比起广阔的苍穹，更为辽阔的正是两位伟人的胸怀！如今，两位伟人虽然都已经去世，但他们博大的胸怀将永远镌刻在我们的记忆中，而他们的大爱也将永留人间！

（李　妍）

众人拾柴火焰高　千锤百炼铸辉煌

——我经历的纪念馆建馆岁月

十五载的流金岁月，周恩来邓颖超纪念馆承载了许许多多的捐赠、真情、祝福与感恩。纪念馆的孕育与诞生、创新与发展，都受到了社会各界的广泛关注与赞誉。在今日的辉煌与荣耀之中，我不禁回想起1996年建馆时，纪念馆工程的第一铲动土，回想起数以万计的百姓纷纷自愿捐款，回想起一批又一批的志愿者前来义务劳动……一切仿佛就在昨天。

那年我33岁，是一名建馆参与者。当建馆的消息向社会公布后，我看到了国际友人、海外华侨、国内企事业单位、社会团体、人民

各界群众积极参加义务劳动

群众以各种形式表达着他们对周恩来邓颖超纪念馆的支援与扶持。

1997年1月25日，哈密道小学的学生到纪念馆义务劳动，并现场捐款，成为第一所到纪念馆义务劳动的小学；同年3月12日下午，和平区卫生局团委组织医护人员冒雨在纪念馆工地为施工人员义诊、送药，成为第一个到纪念馆义诊的医疗单位；家住河北区宇纬路的曹淑兰老人带领天津五十三中初一的学生，自1997年3月30日先后8次到纪念馆义务劳动。每年春节或两位伟人诞辰、逝世的纪念日，他们都会到馆献上花篮，表达对两位伟人的深切缅怀。

除了义务劳动，更令我感动的是一笔笔来自五湖四海的捐款，不论数目多少，每一份捐款都饱含着社会各界人民群众对两位伟人的深切怀念和敬仰之情。捐款中个人捐款占90%，捐资额从1元钱到200万元不等。从工人到干部、从农民到知识分子、从解放军战士到公安干警、从个体经营者到企业家、从小学生到大学生、从残障人士到劳动模范……在建馆筹资工作的700多个日日夜夜中，我们深深地感到，数以万计的捐款者把对伟人的真切感情化作发自内心的自愿行动，以捐款的形式被一笔笔地记录在捐款簿上。

全市人民踊跃捐款

日本友人南村志郎先生于1996年12月23日正值纪念馆开工奠基之日，亲自从日本到天津专程捐赠100万日元。南村先生原是西园寺公一的秘书，多年来一直致力于中日友好活动。此次除了专程来天津捐款，还捐献了十分珍贵的照片等文物资料。

星运集团的吴晓华先生为建馆捐赠200万元人民币。这是迄今为止馆内收到的个人捐资额最高的款项。他对天津这座国际化大都市建起这样的伟人纪念馆而感到由衷的高兴，并表示愿继续为天津的市政建设做出自己的贡献。

香港的郑伟德先生得知天津建馆的消息后，立即通过新华社香港分社汇款20万元港币；江西省万安县工商银行的耿燕燕在1996年2月13日汇款200元，成为外省市的第一位捐款人。

在众多的捐资者中，感人的事例不胜枚举，每一笔捐赠都有一份沉甸甸的真情令我们心生感念，久久难忘。

天津内燃机厂70多岁的退休老工人马贵志在病重期间闻知筹建纪念馆的消息后，委托厂党组织向纪念馆捐款25元钱。当厂领导在1996年8月22日到筹资部转赠捐款时，来人流着泪说："马贵

志愿者参加义务劳动

志老人前几天故去了。”

长春道78岁的李玉淑大娘委托街办事处的同志为建馆捐资1700元，李大娘长年体弱多病，此次为建馆捐款是她一直以来的心愿。她深情地说：“多年来我给党和政府添了很多麻烦。我经常生病，是党和政府一次次挽救了我的生命。我一定要为这两位伟人的纪念馆尽尽我这报恩的心意。”

电话局的退休总会计师、68岁的刘廷权老人和老伴在1997年1月28日，来到筹资部十分激动地表示：“今天是我们结婚40周年纪念日，原打算花2000元请朋友们聚一聚，当得知天津建周总理邓大姐纪念馆，我们决定不聚会了，因为捐4000元缅怀两位伟人更有纪念意义。”

1996年6月24日，一对残疾人夫妇张继香、权莉带着7岁的女儿，来到筹资部捐款2000元，非常朴实地说：“要让孩子记住周爷爷、邓奶奶。”

这样的故事在我们筹资工作进行的过程中不计其数，很多笔捐款背后都有着一个深情而感人的故事，人们都是怀着对周总理、邓大姐两位伟人的无限敬仰和深切怀念而捐款，而这种发自心底的热忱，更加衬托出两位伟人的高风亮节。

正像一位年过花甲、坚持不留姓名前来捐资的老人诚恳说过的那样：“我不留名，我就是敬仰周总理、邓大姐。他们是伟大的领袖，一生为人民，没有任何遗产，也无子嗣，身后连骨灰都没有留下。但他们的子女有千千万，丰碑永在人民心中……”

桃李无言，下自成蹊。正是这一桩桩、一件件的动人小事，如海中浪花，朵朵纯洁，成为我们建馆过程中源源不断的助力与动力，鞭策、激励着我们建立起一座精神圣殿——周恩来邓颖超纪念馆。

（范金毅）

感动 鼓舞 创新 奋进

——记周恩来邓颖超纪念馆宣讲团

近年来，随着我国博物馆事业的蓬勃发展和以人为本观念的深入，博物馆的工作重心开始逐步向社会服务转变。周恩来邓颖超纪念馆作为我国博物馆事业的一分子，如何做好公众服务这个大文章，向群众提供更高、更优质的服务成为我们追求的目标。为此，纪念馆创新服务形式，组建宣讲团，走出场馆，以更直接、更易于被群众接受的形式宣传总理精神、传播红色文化。宣讲团每走过一处都留下了一个个感人的故事，成为一段段美好的回忆。

记得2012年的2月，宣讲团来到天津市第二养老院，向那里的

宣讲团在天津第二养老院宣讲

宣讲团在武警后勤学院宣讲

老年朋友们宣讲《共产党员的楷模——周恩来》。得到消息后，养老院里的老人们非常高兴，纷纷奔走相告，报告厅里挤满了人。有些腿脚不便，甚至久病在床的老人也在护士的搀扶下来到现场，看着他们走一步歇一下仍然坚持来看宣讲，我们的眼睛湿润了，深深地被大家的热情感动了。

宣讲开始后，整个会场座无虚席，鸦雀无声。当周总理生前的画面映入眼帘，当讲解员情真意切、声情并茂地讲述着总理的一个个小故事时，在场的每一位观众无不被深深感动：他们有的聚精会神听着讲解，有的提笔做着记录，大家全身心沉浸在对总理的无限思念中。当音响中哀乐响起，屏幕上出现十里长街送总理的场景时，宣讲活动进入了高潮。在场的老人犹如又回到了30多年前，回到了1976年1月8日。记忆的闸门轰然打开，对总理的思念，对总理的爱戴，对总理的无限崇敬使大家再也无法控制自己的感情。双眼模糊了，泪水浸湿了衣襟，大家不禁哽咽哭泣起来。一位83岁的老同志紧紧握住讲解员的手老泪纵横，感慨地说："纪念馆做了一件好事呀，把这么好的节目、这么好的故事送到我们的身边来。感谢你们呀！我特别想去纪念馆参观，可腿脚不行了。没想到你们把有声展览送上门来，我们都太高兴了，感谢你们，我的愿望也实现了。”群众的满意是对我们工作的最大肯定，此情此景深深地印在了宣讲团成员的心中。

2012年5月，宣讲团走进天津武警后勤学院。这次活动聆听的观众多达1100人，人数之多，规模之大，俱属首例。最关键的是这些学员都是“90后”，用讲故事的形式能否打动他们，让他们产生共鸣？一系列的问题让我们心里打起了鼓。但很快随着宣讲的深入和一个个故事的讲述，我们找到了答案。学员们没有一个人中途离席，每讲完一个故事都会报以热烈的掌声。待宣讲结束时，他们全体起立，掌声回荡在礼堂的每一个角落。他们在留言中这样写道：“这是一场非常精彩的宣讲，高超的宣讲技巧和充沛的真情实感打动了1100名学生，我们的内心受到了感染和震撼！”“我是一名‘90后’，听了纪念馆老师们的宣讲后，我的心被周总理的精神震撼了。从没有想到，这样一位伟人离我们居然这样近，并且还这样令人感到亲切。整个宣讲过程中，我的眼泪几次情不自禁地浸出眼眶，那一件件看似微不足道的小事，却彰显了周总理和邓妈妈人格的伟大。对于我来说，更是一次精神的洗礼，希望以后可以有更多机会参加这样的活动，更多地去了解认识，更深地去体会感悟。”一篇篇留言热情洋溢、发自肺腑、令人深思。

2012年6月，宣讲团应邀又走进天津市人大常委会机关，在市人大常委会机关保持党的纯洁性教育专题报告会上宣讲。当宣讲团一行走进市人大报告厅的一刹那，即使对于历经百战、久经沙场的我们，也是一次巨大的考验，一种无形的紧张感油然而生。天津市人大常委会的领导班子成员全部出席，与我们一一握手并亲切交谈，眼神和话语间流露出鼓励和期待。领导同志的热情和蔼、亲切随和使我们的紧张感慢慢消失了，留下的是鼓舞和自信。最后宣讲团以出色的表演完成了任务，领导们在观看完宣讲后给予了我们高

宣讲团在天津市人大常委会宣讲

度的赞扬和肯定，宣讲取得了巨大的成功。

宣讲团自成立以来，一路宣传、学习、践行总理精神，已成为纪念馆对外宣传的一个品牌。如今，宣讲团的故事每天还在上演着，成为我们一段段美好的记忆。

（李　力）

万语千言寄情思

——由纪念馆留言想到的

周恩来邓颖超纪念馆存有100多册10万余条观众留言。翻开来，笔迹或遒劲或俊秀或沧桑或稚嫩，字里行间充满了对周总理的崇敬、怀念和热爱，饱含了对总理最深的敬意、最朴素的情感，看之使人心潮澎湃，感慨万千。

“总理，眼泪不代表一切，但它代表怀念。静默不仅代表怀念，它还告诉我们责任。肩头的担子重了，心上的信念增了。这一切都只因为您，我们的好总理。我们会努力。”

“如果以我一年的生命能换回总理多活一天，我愿献出我一生的时间。”

“原来我不知自己将来能成为什么样的人。但是参观过周恩来邓颖

参观纪念馆的人流

观众正在留言

超纪念馆后，我清楚地知道自己要努力成为什么样的人。”

“今天，我和爸妈参观周恩来邓颖超纪念馆，周爷爷、邓奶奶光辉的一生，永远是我们后人学习的榜样！我要记住周总理的教导，为中华之崛起、振兴、腾飞，乃至超强于世界而努力学习，英勇奋斗，誓做祖国杰出人才。”

“我和老伴都是离退休干部，今天来纪念馆参观了周总理和邓大姐的生平，心里非常激动。我的老伴站在总理和毛主席最后一次握手的照片前久久不肯离去，泪流满面，几乎哭出了声音。总理啊总理，您永远活在我们心里。做人就要像您这样，才是真正的人。我回去要把我强烈的感受告诉我的子孙后代。您才是做人的楷模。”

像这样的留言数不胜数，像这样真情流露的话语不计其数。周总理离开我们已经37年了，但是他的音容笑貌留在春风里，他的品格永远刻在人民心中。人民怀念他、敬仰他，是因为他的一生真正做到了“鞠躬尽瘁，死而后已”。他心系国家，少年立志，为中华之崛起发奋读书；风华正茂时，为苦寻真理上下求索；民族危亡时，为争取民族独立和人民解放挺身而出；新中国成立后，为实现国家富强、人民幸福日理万机。他把自己的一生毫无保留地献给了自己的祖国和人民，他的点点滴滴永远感动世人。

他心底无私，廉洁奉公。他对国家、对人民的贡献犹如滔滔江水，可他从不居功自傲，永远把自己看作是人民的公仆；他身居高位，但从不锋芒毕露，盛气凌人；他作为政府首脑，从不滥用职权，以权谋私；他反对宣传自己，从不突出个人，正如《一代伟人周恩来》书中所讲“周恩来是一位愿将自己的智慧与创造隐没于他人之后的伟人”。

他任劳任怨，勤勤恳恳。每天都忘我工作，几十年如一日，“每天的工作时间都超过12小时，有时在16小时以上，一生如此”。他曾经说过，“共产党员就要像牛一样努力奋斗”，他这样说，也这样做，真正做到了“像牛一样”负重工作。其实周恩来何尝不需要休息，他曾说过：“我不能坐，一坐下就会睡着……我们这一辈子和这一个时代的人多付出一点代价，是为了后代能更好地享受社会主义的幸福。”即使在重病中，他也坚持忘我工作，“据资料统计，周总理是1974年6月1日住院的，1至5月139天里，他每天工作12至14小时有9天；14至18小时有74天；19至23小时有38天；连续24小时有5天。只有13天工作在12小时之内。而从3月中旬至5月底，两个半月，日常工作之外，他又参加中央会议21次，外事活动54次，其他会议和谈话57次”。

他一身正气，两袖清风。严格要求自己不搞特殊，无论是在工作条件还是衣食住行等生活方面始终保持着艰苦朴素的作风。有人建议修建政府大楼，他坚决反对；住房很陈旧，他坚持不让翻修；衣物破了，修修补补接着用，总理的一双皮鞋穿了很多年，由于没有多余的鞋可换，工作人员都是利用他睡觉的时间进行修理；饭菜很简单，一般是两菜一汤、一小碗饭。这种简朴生活始终如一。他的收入，资助了多少人，交了多少党费，

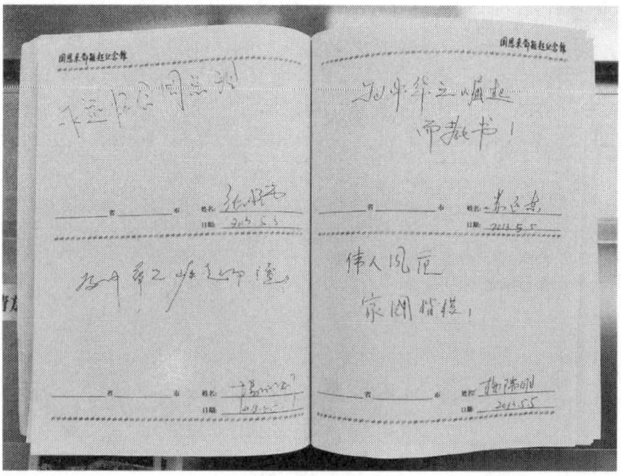

留言簿

谁也没有去统计过，也是计算不清的。当然，对他而言，这只是微不足道的平常小事而已。著名经济学家、人口学家、原北大校长马寅初说："周恩来总理是最得民心的共产党员。"

他心系群众，竭诚为民。周恩来一生都把人民的利益放在心上，和人民群众有着深厚的感情。人民的幸福，百姓的冷暖，永远牵动着他的心。1973年6月，周恩来陪同越南党政代表团到延安访问，看到老区人民依然过着贫困的生活，他难过地说："我这个总理没当好啊，解放20多年了，延安人民吃不饱饭，我很难过。" 为了能让老百姓吃饱饭，总理拖着病体和当地政府负责人一直谈到凌晨1点多钟。1975年2月4日，周总理因癌症又接受了一次长达4个多小时的手术，苏醒过来后，首先牵挂的却是云南锡矿患矽肺病的工人。临终时，他留下的最后一句话是："我这里没有什么事了。你们还是去照顾别的生病的同志，那里更需要你们……"

周总理一生以 "为中华之崛起" 为理想，以人民幸福为己任，以国家富强为目标，以全心全意为人民服务为人生信条。他生前兢兢业业，而逝世后，更是做到了常人所不及的 "不留骨灰、没有财产、没有子嗣"。正如柬埔寨王国国王西哈努克所说："像周总理这样品德高尚的人，世界上是独一无二的。" 是的，周总理以他的杰出才能、高尚情操、伟大精神赢得了全国乃至全世界人民的尊敬和爱戴，他永远是人民心中的一座丰碑，是时代的楷模。

（平淑艳）

伟人风范　享誉世界

——外国人眼中的周恩来和邓颖超

在周恩来诞辰100周年（1998年3月5日）前夕，周恩来邓颖超纪念馆在天津正式对外开放。由于我曾担任外语讲解的缘故，有幸接待了一批又一批的外国友人，听到了他们对周恩来和邓颖超的许多敬仰和赞美之词。

周恩来和邓颖超是一代伟人，两位楷模。纪念馆正式开放那天，首先迎来了出席南开大学周恩来研究国际学术讨论会的来自美国、加拿大、日本、印度、新加坡等国以及中国香港和台湾的代表。他们都是专家，对展览看得非常仔细，不时发出赞誉声，还拿出笔

外国友人参观周恩来邓颖超纪念馆

记本记录一些史料，以充实自己的著作。

在北京大学学习汉语的池上正治曾多次来到纪念馆。他边看边说："啊！周恩来先生真是了不起的人物，从青少年时代就有救国救民的远大抱负。像他这样具有非凡天才而又为社会做出很大贡献的人，在世界上太难找了。"他最后一次参观是带着妻子和两个年幼的孩子来的。一进展厅，他就指着周恩来和邓颖超的雕像对孩子说："这就是我经常给你们讲的周爷爷和邓奶奶。周爷爷是世界上最伟大的人，邓奶奶是他的妻子，也是伟大的人。"接着率领全家向雕像深深一鞠躬，并敬献花篮。

在一个大雪纷飞、寒风凛冽的冬日，开馆才刚刚一会儿，一位坐着轮椅的加拿大老人，在老伴和女儿的陪同下来到纪念馆。当他们看到周恩来、邓颖超共同使用过的骨灰盒时，泣不成声。在观看纪录片《永恒的怀念》时，这位老人无比感慨地说："骨灰撒向江河湖海，真是令人钦佩！女士，你能在这么神圣的地方工作，真让人感到骄傲和自豪！"

周恩来是举世公认的谈判大师。新中国成立后，风度翩翩的周总理，从日内瓦到万隆，坚持和平共处，倡导求同存异，在一次次国际谈判中大展风采，迎来了新中国外交的巨大胜利，使新中国一步步走向世界。

周恩来的上述光辉业绩在我馆通过大量的文物、图片和大屏幕电影资料片得到充分展示。英国的大卫·劳森先生看了这部分内容说："周恩来曾多次访问东欧和非洲，他的魅力以及谈判的高超艺术，总是给人留下深刻的印象。今天在纪念馆里，看到他在日内瓦会议和万隆会议的照片，不禁回忆起当时的情景：他以一个国际政治家的姿态蜚声政坛，让我们看到了新中国的形象，既是革命的，又愿意和邻国和平共处，并成为国际社会的一员。"

美国学者约翰·吴德施看了《周恩来外交风云》中尼克松访华的镜头时，激动不已。他说："1972年我曾随尼克松访华。周恩来总理就是这个样子——炯炯有神的双眼，总是那么神采奕奕。他平易近人，举止温文尔雅，体态挺拔自如，显得既沉着又机智。他通晓英语，也懂法语、德语、俄语和日语。有时还会纠正我翻译的错误，以便能准确表达他讲话的含义。这些给我留下最深刻、最难忘的印象。”参观后，他用商量的语气一再嘱咐我：“希望以后讲解时能增添这些内容，好吗？”

许多外国政要、友人以不同方式表达了对周恩来在外交方面取得成就的敬仰。以色列前总理、前工党主席西蒙·佩雷斯参观展览后在留言簿上写道：“全世界都学习、敬仰周恩来总理，他是20世纪中国也是世界上最伟大的外交家之一。他把爱献给了人民，把和平献给了世界。”巴基斯坦外长阿布杜勒·萨塔尔参观完后在留言簿里写道：“我们满怀对中国领导人的敬意来到纪念馆，他为他的祖国做出了贡献，同时也为中巴两国持久的友谊奠定了坚实的基础。”该国的内政部长毛因乌丁赞颂周恩来是“中国和巴基斯坦友谊的缔造者。我向这位伟人表示敬意”。

周恩来和邓颖超在寻求共同理想中相爱，正是这样一种高尚

讲解员正在为外宾讲解

的心灵联盟，使他们在长达半个世纪的革命风雨中相依相伴、患难与共，使他们的爱情在共同的革命斗争中大放异彩，被人们誉为模范夫妻。

纪念馆展出了周恩来与邓颖超各个历史时期的照片和书信往来。其中一幅是1950年他们在中南海拍摄的银婚纪念的照片。许多外国朋友凝视着这张珍贵的照片久久不愿离开。与天津结为友好城市的澳大利亚墨尔本首席代表看了后连连称赞道："他们是举世公认的恩爱夫妻，革命伴侣。"另一位先生补充说："世界上的领导人，并不像人们所想象的那样，在私生活问题上都是干干净净的。然而，周恩来对他的夫人始终是忠贞不渝的。"澳大利亚墨尔本代表团的一位成员说："邓颖超具有敏锐的政治头脑，是才女。婚后，她与丈夫同甘苦、共患难，具有非凡的人格魅力。"当他们看到周恩来、邓颖超穿过的带有补丁的旧衣服时，异口同声地说："两人志同道合，生活简朴。"

周恩来和邓颖超虽已离开我们，但他们留下的宝贵精神财富是永恒的。越南国会事务代表团团长、国会副主席张美华参观后写道："周恩来同志和邓颖超同志是越南人民的伟大朋友，是胡志明主席的亲密朋友。这座博物馆是中国人民无价的精神财富，也是我们的财产，希望同志们保护好我们两国人民的共同财产。"

周恩来和邓颖超是老一辈革命家的代表，也是享誉世界的革命家、政治家。他们的革命精神和崇高品德，赢得了国内外的褒扬与赞誉，他们的精神将世代相传。

（王　忻）

后 记

"中国纪念馆故事"系列丛书之《周恩来邓颖超纪念馆：周恩来、邓颖超的故事》经过近一年的编撰，终于付梓出版。以故事的形式讲党史、忆伟人，使读者在轻松读故事的过程中，受到潜移默化的爱国主义和革命传统教育，这也是我们编辑本书的宗旨和基本出发点。为充分保证本书的质量，馆领导对此书的编辑工作高度重视，专门组织了一个精干的团队运作，并多次召开会议对编写方案进行商议、研究。全馆职工特别是青年职工热情参与，按照组稿要求，认真查阅资料，进行周密思考，精心谋篇布局，积极参与撰写，两个月时间共收到五十余篇稿件。负责编辑的郭辉、刘文欣、叶平、盖金香四位同志认真负责地对全书进行了分析、鉴别、取舍，排定编写进度，校阅修改书稿，统一体例格式，配备插图照片，做了大量的、深入细致的工作。在此基础上，馆领导又亲自把关校对。所有这些，为保证此书质量起到了至关重要的作用。本书是集体劳动的成果，全馆智慧的结晶。

由于水平所限，书中若有不当之处请读者批评指正。

编 者

2013年5月